大展好書 ✕ 好書大展

·校園系列·

20

數學增強要領

江修楨　編著

大展出版社有限公司

前　言

　　「學習數學能夠獲得什麼好處呢？學數學必須要記一些麻煩的公式，即使學會了對數和三角函數，出了社會又有什麼幫助呢？學得這麼辛苦到底有什麼意義呢？……」

　　我們有時會聽到這樣的聲音。事實上，身為教師的人也為這樣的事情煩惱。除了考試之外，畢業之後在日常生活中根本不會碰到這樣的符號。然而，在學生時代卻必須要記住這些東西。這樣究竟有什麼用處呢？在考完試之後便不再碰數學了，這樣不是很孤寂嗎？

　　「數學是什麼？」自古以來，許多數學家、哲學家都會被問到這樣的問題。現在，透過高中數學，這個問題又重新的被思考了，而這也是寫這本書的動機之一。

　　我們每天在教育現場感受到一件事，就是「有各種思考的類型及手法可以解決數學方面的問題」。熟稔之後，不單是指使自己的數學成績良好，而且還會有許多附加價值，如會有新的發現或是得到冷靜判斷事物的能力。

　　題材從日常生活的事物到最尖端的科學技術話題都有，甚至是畫出對等的圖形等，這些都是數學所產生的價值。

本書在各章節中也分別介紹了相關的問題與解答，相信對於學習數學相當有幫助。當然，如果只是想了解數學思考方法的人，也能夠很輕鬆的看問題與解答的部分。

　　另外，在附錄的部分也附加了與本書內容有關的重要事項或公式，並按照高中學習的順序加以排列，提供給各位做參考。

　　如果看完本書後，能夠多使一個人對數學有新的看法、新的感受，甚至是新的興趣，那就是筆者最大的喜悅。

　　此外，若筆者有任何錯誤、疏失之處，也請各位不吝指教。

目　錄

第 1 章

從內容找出題示

1 鯨魚原理 — 想像極端論

在科學史中，有人用這個原理的基礎進行各種巧妙的思考實驗，這個人就是伽利略。

他發現了落體的法則，即在真空的狀態下，任何物體落下的速度都是相同的法則。

他在比薩斜塔讓各種物體自由落下的實驗非常有名，此外，他也在水銀或水中讓物體落下並加以比較。他發現外在環境的密度愈小，落體的速度差也愈小。

這就是伽利略偉大之處。他並進一步的思考極端的狀態，也就是在密度等於零的真空（當時還沒有製作真空的技術）中進行實驗。結果，他發現在真空中，任何物體落下的速度都是一樣的。

發現萬有引力的牛頓，在有關物體投射方面想定極限，他假設以一定的速度扔出物體，則此物體將會繞著地球作圓周運動（人造衛星的原理）。

將這個思考方法應用在數學方面會如何呢？

首先，請思考以下的問題。

問題 1

有條一定長度的繩子，則當此繩圍出最大面積時，是何種形狀？（請思考正多角形）

【解說】

假設繩長 ℓ。

此處有兩種極端的情況。一是邊數最少的正三角形的場合，與最多，被認爲是無限邊數的圓的場合相比較。

$$S_3 = \frac{1}{2} \times \frac{\ell}{3} \times (\frac{\ell}{3} \times \frac{\sqrt{3}}{2})$$
$$= \frac{\sqrt{3}}{36} \ell^2$$

接下來是圓。首先求半徑 γ

$$2\pi\gamma = \ell \quad \therefore \gamma = \frac{\ell}{2\pi}$$

$$\therefore S_c = \pi \times (\frac{\ell}{2\pi})^2 = \frac{\ell^2}{4\pi}$$

比較 S_3 與 S_c 的大小。

$$S_3 \fallingdotseq 4.8 \times 10^{-2} \times \ell^2$$
$$S_c \fallingdotseq 8.0 \times 10^{-2} \times \ell^2$$
$$\therefore \frac{S_3}{S_c} \fallingdotseq 0.6$$

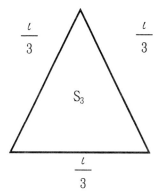

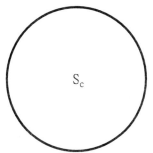

圓大約比三角形大 $\frac{2}{3}$ 倍左右。這只是其中的兩種情形而已，也許我們可以推論邊數愈多，面積愈大。

數學，不可只憑推測來確定事物（也需要證明）。像這種極端例子的情況，「試探」並不是沒有意義的。

在這個問題中，假設先前的推論是正確的，則我們求正方形與正六角形的面積。

$$S_4 = (\frac{\ell}{4})^2 = \frac{\ell^2}{16} \fallingdotseq 6.3 \times 10^{-2} \times \ell^2$$

$$S_6 = 6 \times \frac{S_3}{4} = \frac{\sqrt{3}\,\ell^2}{24} \fallingdotseq 7.2 \times 10^{-2} \times \ell^2$$

結果，$S_3 < S_4 < S_6 < S_c$，由此可觀察出邊的愈多，面積也就愈大。

像這種思考極端的場合來進行對於物的理解，就稱為「鯨魚原理」。這個名稱是由以下的英文而來的。

「A whale is no more a fish than a horse is.」

這段英文的翻譯是，

「鯨魚不是魚，就像馬不是魚一樣。」文中提出「馬不是魚的極端論」使人們了解到在海中游泳，會和魚弄混的哺乳類並不是魚。

這極端論法也可以應用在日常生活中。例如，當石油價格上昂時，會對日常生活造成何種影響呢？如果想要了解這一點，便可想像極端的場合。想像石油停止輸入，在幾乎無法使用的狀況時，會產生何種影響呢？如此進行推測。

另外，如果各位的弟弟說：「反正讀過的書考完試就會忘記了，那乾脆就不要讀了。」則你可以回答他：「是啊！反正你吃過飯之後又會再肚子餓，那你乾脆今天吃完飯之後，就不要再吃了。」

不限於這樣的話題，將極端論應用於極端論中也是一種手段。

我們再來思考另一個和我們談的話題有關的數學問題，也就是恆等式的問題。

問題 2

有 $ax + by = 0$ 這個式子。以任何數（例如 1 億或 -10 兆）代入 x 或 y 中，此式皆可成立，則 a 和 b 的值分別為多少？

【解說】

因為將任何數代入 x、y 中，此算式都必須成立，因此，可代入最簡單、極端的數字 0 和 1（也許有人會想代入 ∞，但在此處不可使用）。

將 $x = 1$，$y = 0$ 代入，則

$$a \cdot 1 + b \cdot 0 = 0，故 a = 0$$

將 $x = 0$，$y = 1$ 代入，則

$$a \cdot 0 + b \cdot 1 = 0，故 b = 0$$

$a = b = 0$ 是算式成立的必要條件。

反之，若 $a = b = 0$ 成立，則 $0 \cdot x + 0 \cdot y$ 成立。不管 x、y 代入任何數，此算式很明顯地都等於 0，故答案為 $a = 0$，$b = 0$。

也許有人看完答案之後，會覺得像是被狐狸迷住了，覺得很無聊。而要了解這個算式，最基本的就是要了解其結構。

在此，恆等式是發揮威力的問題之一。

請簡化下列算式。

$$\frac{(x-a)(x-b)(x-d)}{(c-a)(c-b)(c-d)} + \frac{(x-b)(x-c)(x-d)}{(a-b)(a-c)(a-d)}$$

$$+ \frac{(x-c)(x-a)(x-d)}{(b-c)(b-a)(b-d)} + \frac{(x-a)(x-b)(x-c)}{(d-a)(d-b)(d-c)}$$

（但 a，b，c，d 都不相等）

【解答】

如果要按部就班的解這個問題，必須要有相當的計算能力。這個問題可以利用恆等式來解，此時，以下的數值代入法的原理是重點。

數值代入法的原理

有關於 n 次以下的整式 $P(x)$，$Q(x)$

$P(x) = Q(x)$ 有 $n+1$ 個相異的 x 值成立，則

$P(x) = Q(x)$，就是 x 的恆等式。

設問題所給的式子是 $f(x)$，則 $f(x)$ 是 x 的 3 次式。

分別將 a，b，c，d 代入式中的 x。

可得 $f(a) = 1$，$f(b) = 1$，$f(c) = 1$，$f(d) = 1$。

在此 3 次的整式用 4 個相異的值代入，都得到 1，故從數值代入法的原理可以了解 $f(x)$ 是恆等式，x 的值仍然是 1。

答：1

思考極端論有效並不只限於數學的情況。在此也提及其中之一，即「追求理想」（理想也是極端論之一）。例如，想要打破現狀，也必須要有某方面的構想。在這種情況如果只是單方面的思考，是於事無補的，必須要有一個很明確的念頭，「要如何做才能達到理想狀態呢」，必須要往這個目標邁進，思考「要如何改善現狀，始能更接近理想」。

因此，給予思考的方向性一個很好的目標，比創造性的思考更有效率，且更能深入的解決問題。

問題 4

　　觀察卡車搬貨、卸貨的作業，發現卡車在裝卸貨的時間是無所事事的，必須在現場等待。該如何使卡車等待裝卸貨的時間減至最少呢？

【解決之道】

　　為了使卡車保持在活動的狀態，因此，希望停車的時間為 0（理想）。

　　要實現這個理想就必須將引擎部分與貨櫃部分分離。當卡車到達現場後，便將貨櫃卸下，然後再開到別的地方載運貨物，如此便能立刻發車。

　　這種追求理想狀態的方法，對於一般社會生活來說，也非常有幫助。

從答案開始思考

問題 1

　　要從米缸中量出 5 合的米，但是手邊只有量 7
合與 3 合的 2 種容器，則該如何計量才好呢？

【解說】

　　首先，假設問題已經解決了（這個想法非常重要）。
假設此狀態如下圖所示。

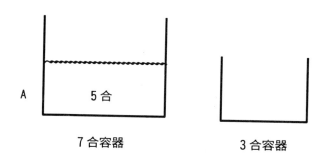

A　　　5合

　　7合容器　　　　　　　3合容器

　　到底該怎麼做才能實現這種狀態呢？

　　「只要從 7 合的容器中取出 2 合的米即可，如果在 3
合的容器中加入 1 合的米，然後再從裝滿的 7 合容器中
倒米至 3 合的容器中至滿，則 7 合的容器中就剩下 5 合
的米了！」

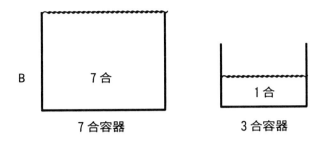

但是，該如何使 3 合的容器中剩下 1 合的米？

「將裝滿米的 7 合容器倒 2 次米至 3 合的容器中，則 7 合的容器中就只剩下 1 合的米。最後，將米倒至 3 合的容器中即可。」

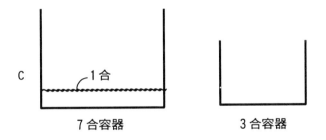

如上所述，A→B→C 是從結構導出最初狀態的反向思考方法，相信大家應該都能夠了解。不過，我們在實際操作時，則是依照 C→B→A 的順序。

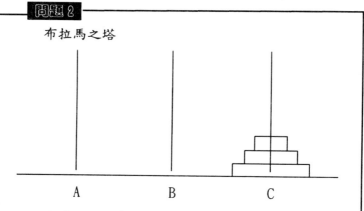

問題2

布拉馬之塔

A　　　　　B　　　　　C

　　請利用移動最少的次數,將 3 片圓板從 C 移至 A。請問最少的次數是幾次?但在移動板子時必須符合以下 2 個條件。

　　(1)1 次只能移動 1 塊板子。

　　(2)小的板子不可以放在大的板子的下方。

【解說】

　　假設這個問題已經解決了。下頁的圖表示出推論的順序,請各位思考該如何操作較好。

　　移動 3 片圓板需要移動 7 次,一般而言,移動 n 片圓板所需的次數為 2^n-1 次(可用數學歸納法加以證明)。

　　原來這個布拉馬之塔有這樣的傳說。據說這個塔原本位於臨印度北部的恆河的貝納瑞斯(現名瓦拉納西,印度教的聖地)的巨大寺院中。當中的柱子很粗,就像是蜜蜂體一般,是由 50 公分長的鑽石所組成的,而圓板皆是由金子打造而成(基盤在正中間)。

　　此圓板的總數共有 64 片,寺院中的司祭遵守神

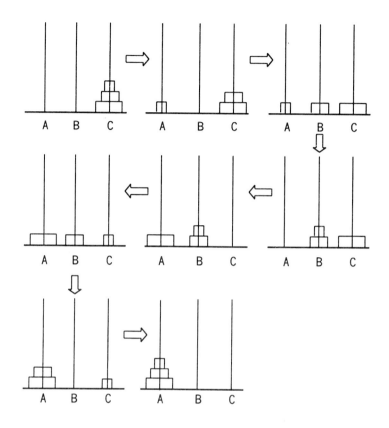

的命令，一邊遵守 2 個布拉馬的規則，一邊日夜不停移動圓板。此時，降臨了一個恐怖的預言。

　　就是當司祭停止這個作業時，寺廟會毀壞，而世界末日也終將到來。

　　那麼，世界末日何時會到來呢？我們可以冷靜下來思考看看。假設司祭以 1 秒 1 個的速度來移動圓板，則由先前的算式可算出總共需花費 $2^{64}-1$（秒）的時間，換成年大約是 0.582×10^{12} 年，也就是約 5820 億年。

如此說來，世界還是安泰的。

回到主題。有關於數學的課題是已經給予明確目標的情況（即已經給予了應該證明的結果），以及反覆的計算以求取解答這 2 種類型。後者的場合是事先預測解答，然後再回到問題來。像這種目標明確的場合，「逆向推論」的場合，能夠發揮非常強大的力量。現在就將這個推論以簡單的圖表表示。

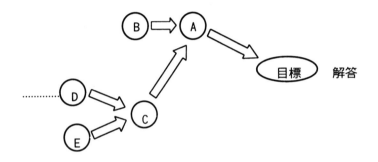

「表現出解答究竟能引導出什麼樣的想法呢？」首先先思考這個問題。

「能說出 A 最好。」

「那麼，要說出 A 必須要先說出什麼呢？」

「如果能夠說出 B 或 C 就好了。」

「但是要說出 B 是很困難的。」

「那麼，只要能夠說出 C 就好了。」

「但是，要如何才能說出 C 呢？」

「只要能夠說出 D 或 E 即可。」

「那麼，我們就來表示 D 吧！要說 D 的話……」

以下慢慢地脫離目標，一項一項的思考條件。由於這種形式，故又稱「後退的推論」。

如果幸運的話，只要反向推論二、三次，也許就能夠模擬 D 或 E 的問題所給予的條件（當初的狀態）（例如本項的 問題1 即是如此）。

若遇到較複雜的問題，就必須同時使用從前提所進行的通常的推論（「前進的推論」），以及後退的推論這兩種方法。

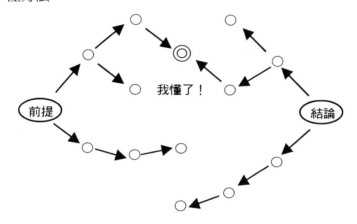

如上圖所示，在試行錯誤中，當兩方向的推論一致時，就會突然想起一個念頭，說「我懂了！」接下來的思考過程只要從前提往結論的方向進行即可。

即使沒有教各位前進的推論，但是相信大多數的人都有實行過。但是關於後退的推論，根據經驗，如果沒有某種程度的意識去進行，一定學不會的。

但是，一旦學會了之後，就會成為非常強大的武器，最好利用看問題的時候訓練。

最後，利用這個方法再來解一題幾何問題。

問題3

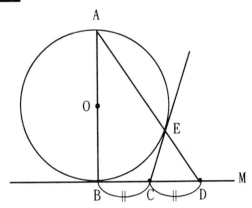

有一圓 O，直徑 AB，直線 BM 通過 B 點而成為圓 O 的切線。假設 C 為 BM 上任一點，則如圖所示，取點 D。使得 BC=CD。

在此，AD 與圓 O 的交點為 E，試證明直線 CE 為圓 O 的切線。

【解說】

我們從應該證明的結論反過來進行推論（假設問題已經被解決了）。

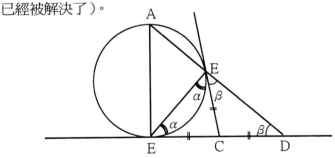

「直線 CE 是圓 O 的切線」

↓

「BC＝CE」

↓

「假設（BC＝CD），則 BD＝CD＝CE」

↓

「△BCE 和△CDE 是等腰三角形，假設其底角分別為 α，β，

因為 $2\alpha + 2\beta = 180°$，

所以 $\alpha + \beta = 90°$。

因此，$\angle BED = \angle R$」（參考前頁）

↓

「因此，$\angle AEB = \angle R$，E 點位於圓 O 的圓周上」

從以上逆向的推論我們了解，可以從結論回到條件。
證明只需反過來寫即可。

【證明】

因為 E 點位於圓 O 的圓周上，故

$\angle AEB = \angle R$

∴ $\angle BED = \angle R$

∴E 點為以 BD 為直徑的圓 O，圓周上的點

現在，因為 BC＝CD

所以 BC＝CD＝CE

因為 BC＝CE，

所以直線 CE 為圓 O 的切線。

色布的銷售額

最近因為國慶的關係，不論是高中或大學都會舉辦大規模的活動，所以色布非常受歡迎。

該以怎樣的價格販售，才能夠得到最大銷售額呢？請計算看看。

假設一塊布是 120 元，則可以賣 100 塊布。若是 100 元，則可賣 200 塊布。

假設 1 塊布為 P 元，而販賣的塊數為 q，則 p 和 q 之間的關係為 $q = ap + b$，從條件可知

$100 = 120\,a + b \cdots ①$

$100 = 100\,a + b \cdots ②$

從①和②可得 $a = -5$，$b = 700$

$\therefore q = -5p + 700$

再者，設銷售額合訂為 S，則

$$S = pq = p(-5p + 700)$$
$$= -5(p - 70)^2 + 24500$$

因此，1 塊布賣 70 元時，可得最大銷售額 24,500 元。

在解決此問題時，假設價格與銷售塊數為直線關係，但實際上卻是雙曲線的 $q = \dfrac{a}{p-b} + c$ 的方式較好。此外，如果不是計算銷售金額而是算最大利潤時，解法就不同了。

因為條件或假設的不同，出現的答案也不同。但是，只要能夠列出反映現實的算式，就可以嘗到發現的喜悅。

第 2 章

著眼於相同的形式

3 對稱性的使用方法

人類在西元前二千數百年開始，就將對稱性應用在藝術和建築方面。的確，對稱性的圖形可以讓人感覺到調和。

我們可將對稱性分為並進、鏡映和回轉三大類，並依這三大類各舉三個例子。

(1) 並進對稱性

所謂並進對稱，就是利用圖形或是圖案的平行移動而產影像重疊的情形。

上圖是伊朗的波斯波利斯的浮雕，有持盾和沒有持盾的人，這是屬於平行移動的類型。

(2) 鏡映對稱性

　　所謂的鏡映對稱性，就像其名稱一樣，是將鏡子放在圖案的中心點上，於是就會成為左側和右側互相變成他方的鏡像。若從右側眺望，則映在鏡中的圖案會與左半部一致。

　　上圖就是古代對對稱性要求特別嚴格的蘇美爾人的作品，事實上，這幅畫並不完全是鏡映對稱。這幅畫實際上是繞著中心軸旋轉 180°，使畫面往外飛散所造成的圖形。但是，雙翼及雙腳是採鏡映對稱來描述。

　　右圖稱為蘇美爾的鷲。蘇美爾人重視左右對稱更甚於自然、忠實描寫。而這個雙頭鷲的設計歷經了波斯、敘利亞、拜占庭帝國之後，成為蘇俄、澳大利亞、匈牙利等國家的徽章。

(3) 回轉對稱性

所謂的回轉對稱，是指以 O 為中心點旋轉 $360°/n$

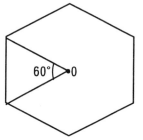

（n：整數）的情況。

當 $n=6$ 時，會出現正六角形（雪的結晶等）。

我們來看一下建築物的例子。

下圖為巴黎的聖母寺院的玫瑰窗。

它位於寺院聖堂的北入口處，直徑長達 12.9m。中央是聖母子像，而周圍則由舊約聖經中出現的 8 位預言者所包圍，其外側為 $n=12$ 的回轉對稱。牆畫玻璃在沒有做出整片玻璃技術的時代裡，是屬於非常壯麗的藝術

作品。

　　如果要介紹以對稱性為主題的數學觀念，也許可以寫成一本書。在此僅介紹其代表的一部分。

問題 1

　　A、B、C、D、E5隊要進行聯合戰的比賽，則共需進行幾場比賽？

【解答】

　　從右邊的圖，我們可以進行簡單的計算，4＋3＋2＋1＝10。若要再更簡單，則是

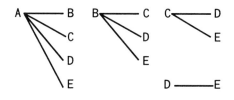

　　$5 \times 4 \div 2 = 10$

　　也可以這樣子計算。在 $5 \times 4 = 20$ 中，也包含了 A－B 與 B－A 般的對稱組合，故可以用 2 來除。

問題 2

　　有 8 隊（A～H）要進行淘汰賽，則共有幾種組合呢？

【解說】

　　如下圖的淘汰賽表所示，若將 A 和 B 交換或是 AB 組和 CD 組交換，都是相同的組合。

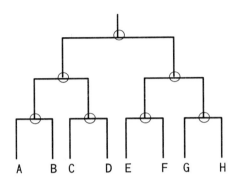

即以左圖的○記號爲中心，即使是左右交換，其組合仍然不變。這就是指一個淘汰賽的組合有 2^7（＝128）種的順序對應。若將組合的總數當成 x，則排列數爲 8！，因此

$$x = 8！÷ 2^7 = 315（種）$$

全國共有 32 所高中棒球隊來競爭，因此，可能的組合總數爲 $\dfrac{32!}{2^{31}}$ 。

問題 3

當 $x = \dfrac{3+\sqrt{7}}{2}$， $y = \dfrac{3-\sqrt{7}}{2}$ 時，試求 $x^6 y^3 + x^3 y^6$ 之值。

【解說】

將所給予的式子中的 x 和 y 交換，結果爲 $y^6 x^3 + y^3 x^6$，與原式相同。這樣的式子稱爲對稱式，能夠用基本對稱式（2 個文字的時候，$x+y$，xy）來表現（1762 年，由威林克最先證明出來）。

實際上所給予的式子 $= x^3 y^3 (x^3 + y^3)$

$$= (xy)^3 \{(x+y)^3 - 3xy(x+y)\}$$

但是，現在能夠很簡單的算出 $x+y=3$，$xy=\dfrac{1}{2}$，

將此結果代入，則

$$式子 = (\frac{1}{2})^3(3^3 - 3 \cdot \frac{1}{2} \cdot 3)$$

$$= \frac{45}{16}$$

比一道一道的計算要輕鬆多了。

問題 4

請描繪 $2|xy| + |x+y| + |x-y| = 2$ 的圖形。

【解說】

看到式子就可以了解圖形的對稱性，我們來利用看看。首先，請看下頁的圖。(1)是 y 軸對稱的情況。

$$f(x, y) = 0 \Longleftrightarrow f(-x, y) = 0$$

符合這個條件時，是將所給予的方程式中的 x 以 $-x$ 代入時，式子也不會有變化時，這時就是 y 軸對稱。

以下(2)，將所給予方程式中的 y 以 $-y$ 代入時，式子也不會產生變化時，則為 x 軸對稱。(3)是 x 以 $-x$，y 以 $-y$ 代入，式子也不會改變時，則是對稱於原點。(4)是 x 和 y 對換代入，其式子也不會改變，則此時是與 $y = x$ 對稱。

例如 $x^2 + y^2 = 1$，即使 x 以 $-x$ 或是 y 以 $-y$ 代入，或是 x 和 y 交換 $y^2 + x^2 = 1$ 這個式子也不會有任何變化，故這個式子的圖形可以滿足(1)～(4)（這個圖形是圓）。

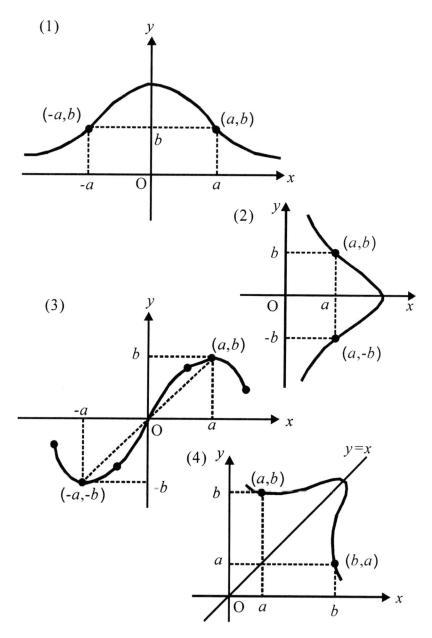

接下來進入問題。

首先，將 x 以 $-x$ 代入所給予的式子中，

$|-xy| = |xy|$ ， $|-x+y| = |x-y|$

$|-x-y| = |x+y|$

因為式子毫無變化，所以是 y 軸對稱。

同樣的，y 以 $-y$ 代入，式子也沒有變化，所以是 x 軸對稱。

接著，x 和 y 交換。

$|yx| = |xy|$ ， $|y+x| = |x+y|$

$|y-x| = |x-y|$

式子仍然沒有變化，所以此圖形是以 $y=x$ 對稱。

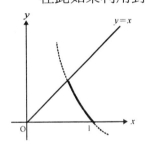

在此如果利用對稱性，則其圖形只有 $0 \leq y \leq x$ 的範圍（如果不利用對稱性，則會非常麻煩）。

則在 $0 \leq y \leq x$ 的範圍中，所給予的式子為

$2xy+x+y+x-y=2$

加以整理後：

$$y = -1 + \frac{1}{x} \cdots (*)$$

左上圖為 $0 \leq y \leq x$ ($*$) 的圖形。首先，以 $y=x$ 進行對稱移動，接著再以 x 軸或 y 軸進行對稱移動，就可以得到左下圖。

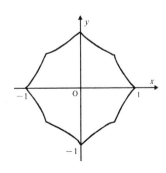

完成 $n=4$ 的回轉對稱形。

4 從類似型類推

▼ ▼

　　運用已經得到的知識，針對在類似條件下未知的對象，判斷「大概是這樣子吧」，就稱爲類推。

　　在語學的研究中，類推是不可或缺的。例如 propeller 就是 pro（往前）＋ pel（推）＋ ler（物）的意思，即代表「向前推物」，與 rear（＝back，後）組合起來，就可以變成 repel 這個詞彙。設想此意爲「往後推」，即可很輕易的推測出此字具有「擊退」或「彈回」的意思。

　　數學方面也是一樣，若了解了圓的方程式 $x^2+y^2=r^2$ 後，則要了解球的方程式 $x^2+y^2+z^2=r^2$ 就較簡單了。再者，4 次元的超球是用 $x^2+y^2+z^2+w^2=r^2$ 表示，我們經常可以看到這種次元往上的類推。

　　「類推」在了解各種事情時，是不可或缺的，且對

於我們的發明與思考也有一些提示的作用。

　　人類是從自然的形中學習各種事情。例如一顆蛋，其薄薄的一層殼卻可以支撐其相當重的內容，而且這也是母鳥在孵蛋時最有效率的形。

　　像這樣的機能也許可以應用在如上頁圖般的污泥浮化糟。用預應力混凝土所做成的薄壁，就像是一個大蛋殼般，與容量比較起來，表面積非常小，故熱的發散亦較少，可以降低污泥加熱的成本（這難道不是由蛋的保溫性良好而來的嗎？）

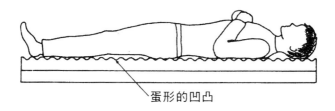

蛋形的凹凸

　　蛋的形狀也被應用在身邊的日常用品上。如上圖所示，這是一種稱為「無壓床墊」的商品，床墊表面有如蛋形般凹凸不平的東西。如果說躺在這種床墊上會對人體產生什麼樣良好的影響，則母鳥在孵蛋時也一定是心情愉快的。

問題

當 $A = \begin{pmatrix} 2 & 1 \\ -1 & -1 \end{pmatrix}$ 時，求矩陣 $A^4 - 3A^3 + 4A + 2E$。E 為單位矩陣 $\begin{pmatrix} 1 & 0 \\ 0 & 1 \end{pmatrix}$。

【解說】

如果要將 A 原封不動的代入，則會變得非常麻煩。首先，由凱萊・哈密頓的公式可得知。

$A^2 - A - E = 0$

在此請想 x 的多項式。

$x^4 - 3x^3 + 4x + 2$ 除以 $x^2 - x - 1$，商為 $x^2 - 2x - 1$，餘 $x + 1$。從除法的原理可以了解

$x^4 - 3x^3 + 4x + 2 = (x^2 - x - 1)(x^2 - 2x - 1) + x + 1$，

由此類推

$A^4 - 3A^3 + 4A - 2E = (A^2 - A - E)(A^2 - 2A - E) + A + E$

現在因為 $A^2 - A - E = 0$

則算式 $= A + E = \begin{pmatrix} 2 & 1 \\ -1 & -1 \end{pmatrix} + \begin{pmatrix} 1 & 0 \\ 0 & 1 \end{pmatrix} = \begin{pmatrix} 3 & 1 \\ -1 & 0 \end{pmatrix}$

在此，如上所示的類推之所以可能，是因為整式的積或矩陣的積的結合法則與分配法則都成立。不過，矩陣的積的交換法則則未必成立。以下是經常會發生的狀況，在此要特別注意。

$$(A - 2E)(A - E) = A^2 - 2EA - AE + 2E^2$$
$$= A^2 - 3A + 2E^2$$
$$(\because EA = AE = A)$$

但是，

$$(A - 2B)(A - B) = A^2 - 2BA - AB + 2B^2$$
$$\neq A^2 - 3AB + 2B^2$$

這與單位矩陣的情況不同，因為 $AB = BA$ 未必成立，故

$$(x-2)(x-1)=x^2-3x+2$$

與

$$(x-2y)(x-y)=x^2-3xy+2y^2$$

兩者與成立的整式之間都有很大的不同點。

介紹以上所看到的，類推具有非常有效的作用，但若隨便加以擴大解釋，則會導致失敗。

我們來看以下 2 個例子。

（例 1）

0 是幾次式呢？（答）因為 0 和 1 與 2 一樣都是數字（常數），所以是 0 次式。

那麼，次式該怎麼辦呢？

$$x^2 \times 0 = 0 \cdots\cdots ①$$

因為（m 次式）×（n 次式）＝（$m+n$ 次式），所以①式中的左邊是 2＋0 為 2 次式，右邊為 0 次式。天啊！左邊和右邊的次數不同！到底是哪裡出了問題呢？

（**正解**）事實上，0 沒有次數的定義。如果要嚴格來說，那就是 $-\infty$。

（例 2）

$$\sqrt{-1} = \sqrt{\frac{-1}{1}} = \sqrt{\frac{1}{-1}}$$

$$\therefore \frac{\sqrt{-1}}{\sqrt{1}} = \frac{\sqrt{1}}{\sqrt{-1}}$$

$$\therefore \frac{i}{1} = \frac{1}{i}$$

因為 $i^2 = 1$，$\therefore -1 = 1$，天啊！

（**正解**）這表示 $\sqrt{\dfrac{a}{b}} = \dfrac{\sqrt{a}}{\sqrt{b}}$ 這個公式不可以無限制使用。

這個式子在 $a>0$，$b<0$ 時不成立。剛剛的例子就是在說明這件事。

5 思考同值與同型

▼▼▼▼▼▼▼▼▼▼▼▼▼▼▼▼▼▼▼▼▼▼▼▼▼▼▼▼▼▼▼▼▼▼▼▼

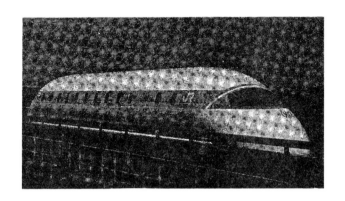

　　從 1968 年左右開始，日本的國鐵（現在的 JR）開始進行研究磁浮式超高速列車。上圖就是（財）鐵道技術研究所在官崎實驗中心，持續進行測試營業用實驗車「MLU-002」。

　　下頁圖是利用概念圖來表示列車得到推進力的樣子。當列車前進時，流經地上盤管電流的方向是相反的，注意 N 極和 S 極不斷地變換。

　　在此，磁浮式超高速列車與普通的列車都是直線行駛的，即列車外側圓筒形的固定子是呈水平的線路，回轉子是將圓筒打開，為「行進子」，也就是把它當成列車。只是在一個地方回轉，將其變成是無限直線的行走，在本質上可說是具有相同力的作用。像這種外觀變化，但本質內容不變時，這種變化前後的兩種現象，數學用

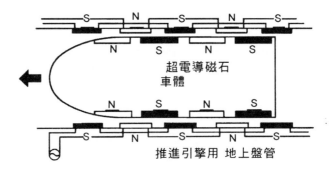

語稱之爲「同構」或「等價」。

現在有「圓→直線」與「平面→球面」的例子。 下圖是將象棋盤製作在球面上，球的中心置入一強力磁鐵，可吸引附著於表面的金屬製棋子。棋子從兩極往赤道的方向前進時，雖然形式不斷地變化，但是規則卻是不變的，可以享受這種快樂的遊戲。

那麼，我們來看看 2 個數學上「圓→直線」變化的問題，該如何解決。在分解聯立方程式時，經常使用這種等價結構。

問題 1

解 $\begin{cases} x^2 + y^2 = 5 \cdots\cdots ① \\ xy = 2 \cdots\cdots ② \end{cases}$

【解答】

由①，②得 $(x+y)^2 = x^2 + y^2 + 2xy = 9$

∴ $(x+y)^2 = 9$　（$\Leftrightarrow x+y = \pm\,3$）……③

因為①＋2×②＝③，①＝③－2×②

所以①且②$\Leftrightarrow$②且③

（這個等價式是表示，從①和②可以導出②和③，或是從②和③可以導出①和②的意思）

因此，用②與③的組合來解，也可以得到相同的結果。

$$\begin{cases} xy = 2 & \cdots\cdots② \\ x+y = \pm\,3 & \cdots\cdots③ \end{cases}$$

(i) 當 $x+y = 3$ 時

　　將 $y = 3-x$ 代入②，並加以整理，得

　　$x^2 - 3x + 2 = 0$　　∴ $x = 1, 2$

　　將 x 代入②得　　　$y = 2, 1$

(ii) 當 $x+y = -3$ 時

　　同樣地，$x^2 + 3x + 2 = 0$

　　$x = -1, -2$，從②可得知 $y = -2, -1$

答：$(x, y) = (1, 2)\quad(2, 1)$

$$(-1, -2)\,(-2, -1)$$

若使用下頁圖來說明這個問題，則取代①和②，要解②和③的聯立方程式，則圓的 2 次曲線可以**變換**為單純的 2 條直線。像這樣的情形，目的就是要求 2 個圖形的交點座標，則圓的性質是最好的。

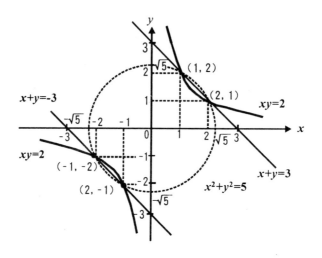

　　將這種想法一般化，則如下。乍看之下非常複雜的
對象，也可以確切的掌握問題並將對象單純化。此外，
若聯立方程式為等價，則代表這個方程式所表示的圖形
的交點座標也是同一的。

問題 2

解 $\begin{cases} x^2-4x+y^2-2y=0 & \cdots① \\ x^2-16x+y^2-6y+48=0 & \cdots② \end{cases}$

【解答】

①－②得，$12x+4y-48=0$

$$\therefore y=-3x+12\cdots\cdots③$$

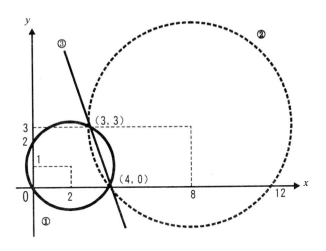

將③代入①加以整理，得

$x^2 - 7x + 12 = 0$ ∴$x = 3, 4$

依序代入③，則 $y = 3, 0$

答：$(x, y) = (3, 3)(4, 0)$

在此，利用上圖加以簡單的說明。和本項的 問題 1 一樣，以③的直線代替②的圓，求交點。

另外，因為①－4×③＝②，或是③＝$\dfrac{①－②}{4}$

所以①且②⟺①且③

可說是等價的關係。

利用以上所示的同值關係的解法，並不限於「圓→直線」，也適用於「橢圓→直線」或是空間圖形的橫切面時。

最後，再稍微詳細的說明一下「同構」。

當我們想要調查某種現象時，與其在原本的世界分

析對象，倒不如選出構成此現象的重要性質，調查其單純化的構成模型。此外，在不破壞原來世界重要的情況之下，投影到另一個更容易處理的世界。藉由分析被顯現出來的世界，來調查原來世界的現象。

這種保存原來世界的性質（就像是數學的演算結果等）所進行的特別投影（映射），就稱爲「同構」。而投影出的 2 個相對應的世界，就稱爲「同形的世界」，即同構的意思。若這 2 個世界分別以 A，B 表示，則用 A ≅ B 的記號來表現。

在數學上，投影是往上一對一的映射，且在具有 $f(a，b)=f(a)\times f(b)$ 的性質時，f 就定義爲同構。

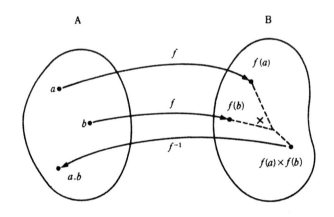

如上圖所示，若要算出 $a \cdot b$ 很困難，則可以利用 f 將 a，b 映射在 B 集合中，計算 $f(a)\times f(b)$，再利用反映射 f^{-1} 映射到原來的 A 集合，則可以算出必要的結果（而在這種時候，$f(a)\times f(b)$ 的計算就變得很容易，這也是值得誇耀之處）。

另外，同構就是 isomorphism，語源是希臘語。是由「isos」（等於）與「morphe」（類型）這二個語詞結合而成的。這個字不只出現在研究相同形態的數學方面，研究各式各樣人種生活樣式或是風行習慣的列維·斯特勞斯也使用到這個字。另外，它也出現在研究孩子思考力的形成的心理學家約翰·皮亞傑的代表作「構造主義」中。

　　當我們遇到難題時（關於人生上的問題也是一樣），不要正面的與此難題起衝突，應該將其變成較簡單的形式，從別的觀點看眺望，這是數學特有的思考方式。從不同的觀點看問題時，問題的本質並不會改變（保存），但可以重新檢視問題（映射到別的世界中），可以嘗試用不同的方法和順序來解決問題。

　　在數學方面，要如何變形等價與同構，就要發揮我們的思考力了。

日照權的故事

　　在家的南方有一棟 10 層樓的建築物，為了確保冬至日時，太陽在南方時日照也非常充足，則應該距離此建築物幾公尺建築呢？

　　假設附近的冬至日的南方中午高度約 31°。

　　此外，10 層樓的建築物高約 26m 左右。

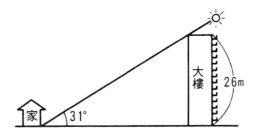

$$\frac{26}{x} = \tan 31° ≒ 0.6$$

因此，

$$x ≒ \frac{26}{0.6} = 43.3$$

　　故至少應距離 44m 來建築。但是因為現在地價昂貴，所以這件事不知道可不可能實行。

　　但是，因為南方中午的高度約 30°，所以建築物之間只要距離高度的 $\sqrt{3}$ 倍即可（1 樓的場合），只要記住這個道理就會非常方便。

第
3
章

探索相反的世界

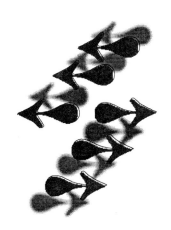

6 改變立場就會產生新的想法

▼▼▼▼▼▼▼▼▼▼▼▼▼▼▼▼▼▼▼▼▼▼▼▼▼▼▼▼▼▼▼

在印度的數學教科書中,有許多反映出無限思想的問題。

$$\sqrt{2+\sqrt{2+\sqrt{2+\sqrt{2+\cdots\cdots}}}}$$

這個值等於多少呢?事實上,這並不需要無限級數的高度技巧,它出現在 2 次方程式練習問題的教科書中。

解答如下。

假設此式的值為 x。

$$x=\sqrt{2+\sqrt{2+\sqrt{2+\cdots\cdots}}}$$
$$\therefore\ \ x=\sqrt{2+x}$$

兩邊同乘以 2,則 $x^2=2+x$,$x^2-x-2=0$

$\therefore (x-2)(x+1)=0$

現在 $x>0$,因此 $x=2$

答案就是 2,是不是很有趣呢?

同樣的,請各位想想下面式子的值。

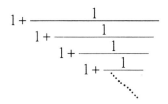

$$1 + \cfrac{1}{1 + \cfrac{1}{1 + \cfrac{1}{1 + \cfrac{1}{\ddots}}}}$$

（答：$\dfrac{1+\sqrt{5}}{2}$）

　　只要稍微改變一下想法，在我們身邊就會出現許多充滿創意的商品。在這個世界上，有人想出很多很好的商品。

　　上圖為「汽車型乾電池驅動自跑式音盤再生器」，就是讓迷你小箱型車在唱盤上向左轉 33 圈，讓音樂再生出來。

　　當然，增音器和麥克風是藏在車子裡面的。

　　商品名稱為「音樂先生」，是使應該停止轉動的唱盤再度轉動的商品，這種使原本不再轉動的再生針再度轉動的反向想法，非常獨特。

在此，我們來看一個問題。

問題 1

假設下圖的屋頂寬度相同，則 A 和 B 哪一個
屋頂的積雪會較低呢？

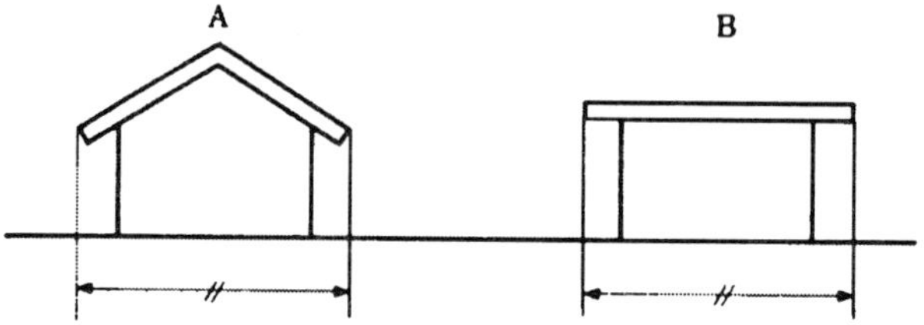

【解說】

答案是 B。以一般常識來說，屋頂的角度較斜，雪
就比較容易滑落。但是，如果從以下的理由來看，則 B
的積雪會較少。

在無風時或濕雪時，A 和 B 的積雪量相同。但是，
有風時，尤其是吹強風時，B 也就是水平的屋頂的雪會
被吹散，積雪量便會減少。一年中會有強風的日子，當
然，也會有弱風的日子，但是，只要是有風的日子，B
的積雪量就會減少。

實際上，會下雪的城鎮的某小學就是以這種想法來
設計的。當屋頂有斜度時，積雪最高可達 2m，一年必
須要清 2 次雪。但是，若為水平屋頂，則只會累積 20
～30cm 左右的雪，因此沒有必要除雪。

這種屋頂想法的起源，是某位建築師在建築時，看
到南極基地的建築物都是平坦的屋頂，因此才注意到這
樣的屋頂可減少積雪。如果不要侷限於常識，而反過來

想，也許可以得到一些提示。

此外，實驗的結果也證明屋頂最好不要是完全的水平，而以斜度 $\frac{1}{200}$ （約 0.3 度）是最佳的。這的確相當的微妙。

接下來考慮 2 題數學問題。

問題 2

假設 88 年度的第 55 屆全國少年棒球賽，於 10 月 5 日中正(台北)──東門（新竹）之戰中結束了。

結果，中正國小以 5-2 的成績贏了東門國小，贏得了睽違 38 年的第 4 度冠軍。

試問比賽的次數共有幾次？

共有 32 校參加。

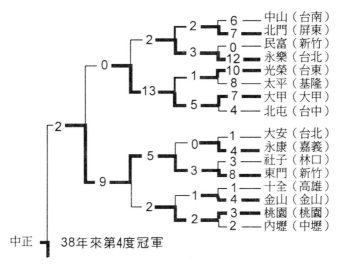

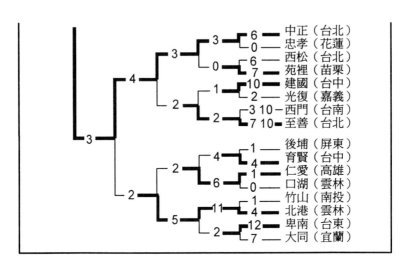

【解說】

　　一般人都會這麼想。經過初賽後，有 16 所學校獲得勝利，經過複賽後，共有 8 所學校進入決賽，而再經過一次比賽後，共有 4 所學校獲得勝利，最後共有 2 所學校進入準決賽，而獲得冠軍的只有一個學校。

　　每個隊伍要進入優勝的隊伍至少必須要比賽一次，所以比賽的次數共有

　　$16 + 8 + 4 + 2 + 1 = 31$

可以如此計算。

　　一般而言，當參加隊伍的總數為 2^n 時，比賽的總數為

　　$2^{n-1} + 2^{n-2} \cdots\cdots + 2 + 1 = 2^n - 1$

　　但是，現在所進行的是淘汰賽，從這個想法著眼於勝利的隊伍，然後再進行計算。則此時可以轉變一下想

法，著眼於輸的隊伍，如果計算起來就簡單多了。

即每次比賽都會有一個隊伍輸，而輸的隊伍就無法晉級比賽，所以只能夠輸一次。故比賽次數的總數應該就是輸的隊伍的總數，則除了獲得冠軍的隊伍之外，其他的隊伍都會輸一次。所以輸的隊伍的總數就是參加隊伍的總數減 1。

因此，

比賽的總數＝參加隊伍的總數－1

即可得到這個簡單的式子。

這個公式即使是以參加隊伍的總數為 2^n 的形式也可以，相當的方便。

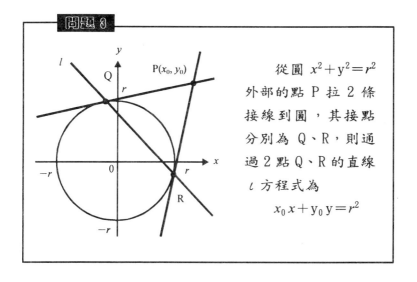

問題 3

從圓 $x^2+y^2=r^2$ 外部的點 P 拉 2 條接線到圓，其接點分別為 Q、R，則通過 2 點 Q、R 的直線 l 方程式為

$$x_0 x + y_0 y = r^2$$

【解說】

猜想大家一開始一定都會想求 Q、R 的座標。於是，

只要將通過 P 點的直線方程式 $y-y_0=m(x-x_0)$ 與 $x^2+y^2=r^2$ 聯立，就可以解出來了。此時，必須要利用判別式 $D=0$。但是，若正面解 P、Q 的座標，以 x_0、y_0 表示，會有點麻煩。

於是，這個時候我們可以從「從點 P 拉接線」這個想法，轉換為「點 Q 或點 R 的接線通過 P 點」這種想法。

這個解法將利用到圓 $x^2+y^2=r^2$ 的點 (α, β) 的接線方程式。

$$\alpha x+\beta y=r^2$$

關於這一點，在教科書或參考書中都有證明，請各位自行參考。

【證明】

假設點 Q 的座標為(x_1, y_1)，點 R 的座標為(x_2, y_2)。

點 Q 的接線方程式為 $x_1 x+y_1 y=r^2$，此直線通過點 P(x_0, y_0)，所以

$$x_1 x_0+y_1 y_0=r^2\cdots\cdots①$$

同樣地，點 R 的接線方程式為 $x_2 x+y_2 y=r^2$，仍然通過點 P，

$$x_2 x_0+y_2 y_0=r^2\cdots\cdots②$$

現在成為問題的方程式為

$$x_0 x+y_0 y=r^2\cdots\cdots③$$

因爲 x 和 y 皆爲 1 次，故爲直線方程式（x_0 與 y_0 不可能同時皆爲 0）。

此外，將 $x = x_1$，$y = y_1$ 代入③成立（①保證），故此直線通過點 Q(x_1，y_1)。

相同地，將 $x = x_2$，$y = y_2$ 代入③亦可滿足（②保證），故此直線通過點 R(x_2，y_2)。

由以上得知，方程式 $x_0 x + y_0 y = r^2$ 爲通過點 Q，R 的直線。

（證明結束）

7 有正就有反

名畫家埃夏出生於荷蘭，其生涯從 1902 年到 1972 年。

埃夏在繪畫方面非常熱衷研究「圖與地的組合」，他利用了遞歸的手法、遠近反轉法，從無限大到無限小等手法，開創了他個人獨特的藝術風格。在此介紹埃夏的作品中，會讓人聯想到 Dual World（雙重世界）的一項作品。

上圖是「凸面與凹面」的作品。對於在最右側爬樓梯的人而言，中央少年所坐的地方就好像是天花板。此

外，中央如菊花般的花紋對少年而言，是凹面，但是對於右側的男人而言，它是在樓梯上、柱子下，裝飾在天花板上的凸面裝飾品。

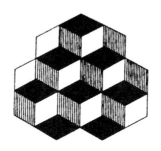

我們再來看看另一個例子。上圖塗黑的部分，依看法的不同而可能是立方體的底面，也可能是上面。

由以上 2 幅畫可以了解，人類的眼睛有固定在一種構圖上的傾向，若以一種方式來看圖，則另一種看法就會被當成背景拉下來。而藉由觀點的移動，也會產生反轉的現象，可以看見正反兩個世界。

而這種「正反的思想」也經常利用在日常生活上。

在黑色的傘上開一扇透明的窗，就是這種方法的應用（也有使全體透明的）。在釘書機中有「拔針」的裝置，而在圖釘中也設有「拔圖釘」的裝置，釘釘子的鐵鎚也有將釘子拔起的「鉗子」裝置，它們都有相反機能的道具存在。

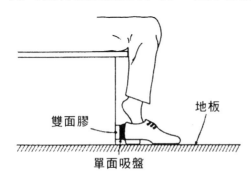

地板

雙面膠

單面吸盤

這種獨特的想法是由關於穿鞋的理念，想要如何「脫鞋」的想法而來的。

如上頁圖所示。

上面的開口有一個吸盤吸住鞋跟，因此，能夠輕易的將鞋子脫掉。

那麼，我們接下來看看數學世界的雙重性（Dual）。

〔例1〕公式的對偶

① $(a+b)(a^2-ab+b^2)=a^3+b^3$

將 b 以 $-b$ 代入，則

$\{a+(-b)\}\{a^2-a(-b)+(-b)^2\} = a^3+(-b)^3$

因此

$(a-b)(a^2+ab+b^2)=a^3-b^3$

由這個例子得知，若用＋能夠證明，則用－也能夠簡單的求出（如此要背的公式就減半了）。

②在第6章的分配法則中

$A \cup (B \cap C) = (A \cup B) \cap (A \cup C)$

預定用這個圖來表示，而在此式中，若將 $\cup$ 和 $\cap$ 交換，則

$A \cap (B \cup C) = (A \cap B) \cup (A \cap C)$

會算出另一個分配法則。

在所有的集合公式中，一切的對偶原理（嚴格說來，所有關於集合法則、公式中的 $\cup$、$\cap$、$\subset$、$\supset$、ϕ、U 等符號，都可以用 $\cap$、$\cup$、$\supset$、$\subset$、U、ϕ 等符號來代替。此外，能夠當成法則、公式而成立的理論，在集合方面就稱為「對偶的原理」）都是成立的。

〔例2〕幾何學中的「對偶原理」

例如，平面幾何學中的「對偶原理」就是指以下的事情。

「構成平面幾何學的 1 組公理系統 A，設將各公理的『點』與『直線』交換，可得 1 組命題 B，則 B 可由 A 得到證明時，或是 A 和 B 合成一個公理系統的時候。而關於幾何學定理 T 得到證明的話，將 T 的『點』和『直線』交換，能夠得到命題 T′，即使不加以新的證明也為真，則 T′就稱為原來定理的對偶。」

即利用對偶性可以藉由一個證明得到兩個定理。

以下列舉代表對偶性的例子。

在一個平面上

> 一<u>直線</u>上有無數個<u>點</u>。
> ↕ dual
> 一<u>點</u>上有無數條<u>直線</u>。

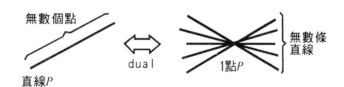

無數個點

直線P

dual

1點P

無數條
直線

此外，對偶性的想法也可以利用在理論學和線性規劃法上。

8 有時迴避也是有效的

請看左圖。

食物

在鐵絲網的另一端有食物，該如何行動才能得到食物呢？

當然，必須要繞一圈才能取得食物。

鐵絲網

由這個圖可以很清楚的看出，為了要達到目標，必須要先離開目標。相信任何人都能夠克服這種情況，但是若用公雞來實驗，則牠會一直往目標方向衝刺，反覆的衝向鐵絲網。

從這個例子中，我們可以很清楚的感受到，認識正確的狀況是非常重要的。如果有必要的話，應該先遠離目標，然後再朝目標前進，有時我們必須讓自己繞一大圈。

另外，登山時為了要早一點到達終點，該採取何種方針呢？若是實際的登山，則以下的方法是否能夠實踐則有待商榷。但是，我想這也和登山者的體力和技術有很大的關係，只不過從理由上來看，從自己所在的位置往目標直線前進，是最短的距離。

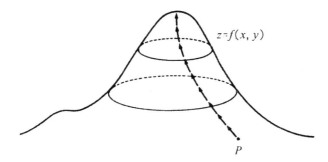

$z=f(x, y)$

P

在數學上也會利用相同的手法來求最大值。在上圖中，假設初期值為 P，求函數 $z=f(x, y)$ 的極大值。P 的微分係數（所謂的傾斜）往最大的方向移動點，在移動時往最大的傾斜方向進行調節即可。

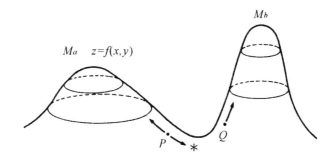

M_b

M_a　$z=f(x,y)$

P　＊　Q

但是，這個方法有若干個問題點。請看上圖，初值是任意取的點，通常函數的形狀並不清楚（如果了解圖形，則要求最大值就不成問題了），因此，初值取 P 或 Q，都會影響後來的探索方向，故所求的極大值也會有所不同，即會被最初所放置的偶然的位置（初值）所左右。當然，圖中的 M_b 並不保證一定是此函數的最大值。

在這個時候，即使是合理的往目標前進，也不保證一定能求得最大值。然而，以與常識相反的方向前進，

則有可能得到最大值。以前頁下圖爲例，從點 P 的地點往上升的坡度相反方向前進，有必要觀察在點 P 附近有沒有其他的山。

在這種情況，爲了要求得更大的值，就要相反地去找有沒有較小的值（圖的＊方向），行動也許會相當困難。如果了解只有一座山，則不用那麼辛苦就可以完成了……。

最後，是一些數學的問題。在這裡要求一次遠離目標的姿態，而這也成了一種心理障礙。

問題

$$x = \frac{2t}{t^2+1}, \quad y = \frac{t^2-1}{t^2+1}, \quad t \text{ 爲實數。求點 P}(x, y)$$

的軌跡。

【解說】

只要消除 t，就可以求出 x 和 y 的關係。大部分的人乍看到此問題時，都會想只要解出 $x = \dfrac{2t}{t^2+1}$ 中 t 的答案，再代入 y 即可。

但是，這樣就會變成

$$t = \frac{1 \pm \sqrt{1-x^2}}{x}$$

無法代入 y 中。

此時最容易的解法是計算出 x^2 和 y^2，將兩者相加。即

$$x^2 + y^2 = \frac{4t^2}{(t^2+1)^2} + \frac{(t^2-1)^2}{(t^2+1)^2}$$

$$= \frac{t^4 + 2t^2 + 1}{(t^2 + 1)^2} = \frac{(t^2 + 1)^2}{(t^2 + 1)^2} = 1$$

可得到圓的方程式 $x^2 + y^2 = 1$，但 $y \neq 1$（∵滿足 $1 = \frac{t^2 - 1}{t^2 + 1}$ 的值不存在）。

這個方法最令人震撼的地方是，即使不是如此，也不用害怕複雜的分數會變成平方，分子、分母各變成 4 次式（漸漸變得不可收拾）。通常在進行運算時，會先做因數分解，將次數減至最低，或是像聯立方程式的解法一樣，將文字的個數減少，這是一般的運算方針。

對於初學者而言，也許看到 x 和 y 變成平方也不覺得是什麼意外的事情。

即使是繞了一大段路才回到原點，但卻是最簡單的方法的好例子。

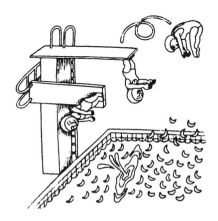

方格花紋的領域

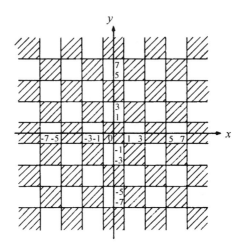

請試著思考代表上圖領域的不等式（但不包含邊界線）。

解答如下。

$$(|x|-1)(|x|-3)(|x|-5)(|x|-7)\times$$
$$(|y|-1)(|y|-3)(|y|-5)(|y|-7)>0$$

（　）中的值表示邊界線，例如 $|x|-1=0$ 是表示 $x=\pm1$ 的 2 條直線。

此外，像這種方程式的積 >0（或<0）的形式的不等式，可利用正領域或負領域越過邊界線就會改變的原則，很容易的就可以表示出其領域。

例如將$(0，0)$代入，則

$$(-1)\cdot(-3)\cdot(-5)\cdot(-7)\cdot(-1)\cdot(-3)\cdot(-5)$$
$$\cdot(-7)=(3\cdot5\cdot7)^2>0，這是滿足式子領域的點。$$

之後，每越過一條邊界線就加入正負，故其領域會

陸續出現。

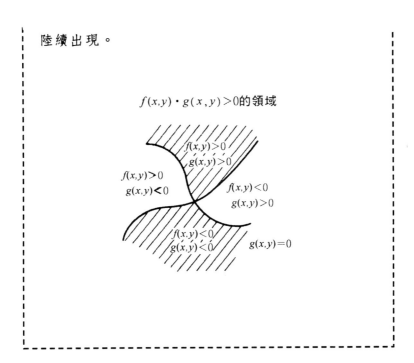

$f(x,y)\cdot g(x,y)>0$的領域

第
4
章

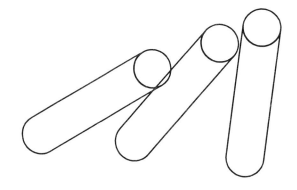

降低次元，輕鬆解答

最近從「厚重長大」流行到「輕薄短小」，將次元降低就相當於變薄。

據說嵌在牆壁上的電視，是下一個時代的家電商品之一。而一些小物品及裝飾品也活用了這種想法，例如有平的鉛筆及平的橡皮擦可以夾在簿子裡，就非常方便了。此外，也產生了鮮花裱在框裡變成商品的構想。

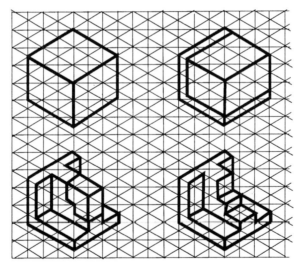

建築製圖或機械製圖中所使用的正視圖、側面圖、平面圖等，都是將 3 次元的東西歸納在 2 次元中的一種手段。有一種很方便的東西稱為斜眼紙，可利用已畫好

的斜線來描繪圖形，以得到較有立體感的圖面（前頁圖）。

那麼，關於數學所指的低次元是什麼呢？

問題 1

將三角形的 2 邊形以如圖的比例分割，並與對應的頂點相連接，求圖中斜線部分 S_1 與 S_2 之比。

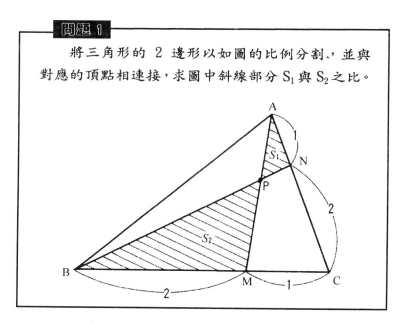

〔解說〕

當三角形的高相等時，其面積比即為底邊上的比（即以 1 次元的量來掌握 2 次元的量）。

首先，為了要求 AP：PM，故要拉一條 BN 的平行線 MN′。

因為 BM：CM＝2：1，所以 CN′：NN′＝1：2。

在此，AN：CN＝1：2，所以，結果

$$AN：NN′＝1：\frac{4}{3}＝3：4$$

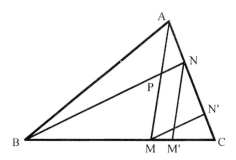

即 AP：PM＝3：4

同樣的，為了要求 BP：BN，故要拉一條 AM 的平行線 NM′。其中的過程與上同，故在此省略，結果

BM：MM'＝2：$\frac{1}{3}$＝6：1

因此，BP：PN＝ 6：1

設△ABP 的面積為 S_3，則由以上的結果得知，S_1：S_3＝1：6，S_3：S_2＝3：4，因此，S_1：S_2＝1：8。

問題 2

當 $x＝1+\sqrt{2}$ 時，求 $x^5-2x^4+3x^3-4x^2-10x-6$ 之值。

〔解說〕

如果要一個一個代入，會變得相當複雜。$1+\sqrt{2}$ 是 $x^2-2x-1=0$ 的解，將次數降低是解題的竅門。

此 2 次方程式為

$$x=1+\sqrt{2} \to x-1=\sqrt{2}$$

$$\to (x-1)^2=2 \to x^2-2x-1=0$$

在此，將原來的式子除以 x^2-2x-1，則

商……x^3+4x+4，餘……$2x-2$

從除法的原理可得

式子＝$(x^2-2x-1)(x^3+4x+4)+ 2x-2$

將 x 以 $1+\sqrt{2}$ 代入，則 x^2-2x-1 為 0，因此，只要將 $2x-2$ 中的 x 以 $1+\sqrt{2}$ 代入即可。

$2(1+\sqrt{2})-2=2\sqrt{2}$ 即為解答。結果，5 次式的代入問題成功的轉換為 1 次式的代入問題。

雖然不是很醒目，但是因數分解也是數學低次元化的一種手法。

若將整式 A 因數分解為 A＝BC，則 B 和 C 的次數會比 A 低，這樣就比較好應付了。

當我們在將 x^4-10x^2+9 這個式子做因數分解時，通常會令 $X=x^2$，將 4 次式變成 2 次式的 $X^2-10X-9$。像這種藉由文字的變化，也可帶來低次元化的效果。

如上所述，要期待相同結果時，就要儘量變為較少的數（次數）來思考才是上策。

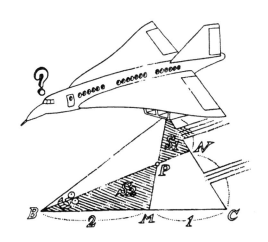

10 提高次元，從高次元開始解決

　　都市的人口集中，因此道路網非常複雜，當 2 條道路交叉時，人們通常會用兩種方法來解決問題。一是立體交叉，就是在平面上再加上 1 次元的方向，可說是利用 3 次元的空間來解決 2 次元的平面問題。

　　另一種方法就是號誌。即加上時間差的次元，使交通流暢，仍然是由高次元加以解決。說到時間差，可以應用到生意人的世界中，例如中午是餐飲店，到了傍晚就搖身一變而為酒店，這也是提高次元的經營方法。

　　美國有一家著名的化學藥品製造公司道爾•凱米卡爾，從 1950 年代開始，他們變成一家會製造公害的公司，為此，他們傷透腦筋。1950 年代也是日本開始高度成長的時期，但是對於公害的認識卻不如現在高，是個隱藏公害的時代。

　　因為工廠建在農村地帶，所以農民批判的聲音逐漸浮現。這時公司被迫決定要遷移工廠或是中止作業（或是隱藏此事？）。

　　但是，這家工廠的負責人是個很優秀的人才，他向公司提出了以下幾個方案。「既然公害是由化學工廠所產生的，正好可以將工廠當做研究對象，利用公害來設置公害防治部門」。當時，根本還沒有人想到要對公害進行研究，因此，只有相當有遠見的人才會做出這樣的判斷。

結果，這個方案被採用了。後來當公害問題被世界所注意時，由這家工廠所研究出來的公害因應對策便備受矚目。這對於道爾・凱米卡爾是一大貢獻。

　　由這個例子可以看出，並不是眼前所見的空間的擴大，而是擴大化學產業的任務，使公害防治產業亦包含其中，這是一種意識次元的擴大，讓人感受到一種將負面轉化為正面的超群的合理精神（也包含了人類以積極的態度來防治公害、保護自己），非常值得我們參考。

　　當面臨到困難時，不要只想著好煩、好煩，應該想辦法將負面轉化為正面，追求次元更高的想法。

　　在玩具的領域中，立體化也成為一種構想而被接受。立體風箏就是將通常是平面的東西增加次元的例子。另外像智力測驗的玩具也是樣，由匈牙利的魯比克教授所想出來的立方體智力測驗玩具（魯比克・立方體），是屬於新的東西。

　　以下我們就改變次元的觀點，來思考數學問題。

問題

　　當 $a \geqq 0$，$b \geqq 0$ 時，

　　證明 $\dfrac{a+b}{2} \geqq \sqrt{ab}$

〔解說〕

　　這是著名的算術平均、幾何平均的不等式。也許有人會想，接下來該做什麼呢？

　　在證明之前，先複習一下兩者平均所具有的意義。

學生 A 的測驗結果爲數學 81 分，國語 49 分，二科相加平均（普通的平均）爲 $\frac{81+49}{2}=65$ 分，幾何平均（相乘平方根）爲 $\sqrt{81 \cdot 49}=9 \cdot 7=63$ 分，兩者相差了 2 分，但很接近。

而學生 B 的數學爲 100 分、國語 0 分。二科相加平均爲 50 分，但是幾何平均卻爲 $\sqrt{100 \cdot 0}=0$ 分。

這種幾何平均對於有不拿手科目的人而言，是非常嚴格的評分方法。

說些題外話。當有些學生測驗的成績慘不忍睹時，有些老師會用 $y=10\sqrt{x}$ 的算式來修正，（x 爲原來的分數，y 爲修正後的分數）。利用這種方法，則 0 分還是 0 分，100 分還是 100 分。但是，36 分就會變成 60 分，49 分就會變成 70 分。使用平方根也是一種可使學生高興的方法。

那麼，以下就將次元提高來介紹有關 問題 的 3 個證明。

〔解 1〕1 次元的捷徑

最主要的是實數直線上 2 個數的比較，教科書的證明如下，

$$\frac{a+b}{2}-\sqrt{ab}=\frac{a+b-2\sqrt{ab}}{2}$$

$$=\frac{(\sqrt{a}-\sqrt{b})^2}{2} \geqq 0$$

$$\therefore \frac{a+b}{2} \geqq \sqrt{ab} \quad 等號是 \ a=b \ 時。$$

〔解 2〕2 次元的捷徑

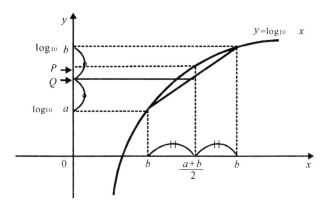

利用對數函數的圖形。

看上圖即可一目瞭然，P 大於 Q。

但是，
$$P = \log_{10} \frac{a+b}{2}$$
$$Q = \frac{\log_{10} a + \log_{10} b}{2} = \log_{10} \sqrt{ab}$$

所以，

比較真數 $\dfrac{a+b}{2} \geqq \sqrt{ab}$

很明顯地，若 a 與 b 一致，則 P 與 Q 一致。

這個證明的優
點是一般化，容易
了解。

右圖表示對數
函數中，三角形內
切的樣子，可利用
這個方法來證明以

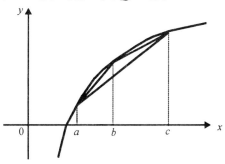

下的不等式。

$$\frac{a+b+c}{3} \geq \sqrt[3]{abc}$$

（提示：著眼於三角形重心的座標）

再將此擴張，很容易得到

$$\frac{a_1 + a_2 + \cdots\cdots + a_n}{n} \geq \sqrt[n]{a_1 \cdot a_2 \cdots\cdots a_n}$$

（提示：點 $\dfrac{a_1 + \cdots\cdots + a_n}{n}, \dfrac{\log_{10} a_1 + \cdots\cdots + \log_{10} a_n}{n}$）
是凸多角形內部的點）

〔解 3〕3 次元的捷徑

這個證明較為麻煩，但可將不等式加以視覺化。因為不等式的兩邊都是 2 個變數，因此，可試著將其當做空間圖形來掌握。

即

$$\begin{cases} \text{左邊} \cdots\cdots x+y-2z=0 \ (\leftarrow z = \dfrac{x+y}{2}) \\ \text{右邊} \cdots\cdots z = \sqrt{xy} \end{cases}$$

本式的 2 個圖形如下頁上圖所示。

因為是用剖面圖來表示，因此可能稍微難了一點。大致上來說，是橢圓錐（$z = \sqrt{xy}$）上方有一個平面（$z = \dfrac{x+y}{2}$）的感覺。的確

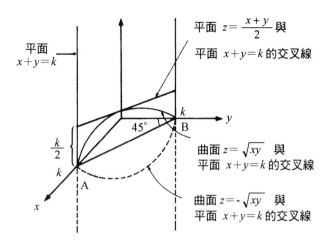

$$\frac{x+y}{2} \geqq \sqrt{xy}$$

是成立的。且平面和橢圓錐的一直線相交，以直線方程式 $x=y=z$ 表示。

　　最後，我們利用價值觀的多樣性來思考次元的問題。

　　請看下圖。

　　P 先生是個有非常明確的價值觀的人，只要離開了

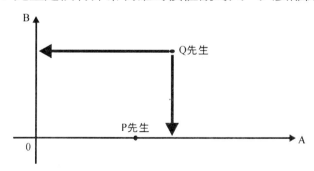

A 這個價值體系，一切都會變得沒有意義，只是一味的提高在 A 的座標。因此，在 P 先生的眼光看來，Q 先生是偏離路線的人（也可以說 P 先生是看不到 Q 先生存在的，因為 P 先生不認識直線上以外的東西）。

但事實上，Q 先生對 A 的認識比 P 先生多，這也許是因為他對 B 也多少有些了解。如果 A 的體系是非常排他的，則具有其他要素的 Q 先生就會被視為是異端。

也許我們有時也會將自己放置在如 P 先生般的場合。當我們遇到不可預測的事態或是超乎想像的人時，增加我們的變數，提高次元來加以判斷非常重要。否則，也許會在不經意中傷害他人，這樣會使自己的生活方式比想像中的還要艱苦。

直線方程式

在高中會學到新形的直線方程式 $ax+by+c=0$(①)，也許有些人會懷疑難道有了 $y=ax+b$(②) 還不夠嗎？

的確，每增加 1 個係數變數就會愈難應付，但是，同時也有增廣適用範圍的優點。

我們來看看一個例子。

求通過(5，1)，(5，2)的 2 點的直線方程式。

首先，利用②來寫出直線方程式。

$$\begin{cases} 1=5a+b\cdots\cdots(1) \\ 2=5a+b\cdots\cdots(2) \end{cases}$$ 由(2)-(1)得

$$1=0？不行$$

使用①得

$$\begin{cases} 5a+b+c=0\cdots\cdots(3) \\ 5a+2b+c=0\cdots\cdots(4) \end{cases}$$ 由(4)-(3)得

$$b=0\cdots\cdots(5)$$

將(5)代入(3)得 $c=-5a$

因此 $ax-5a=0$

因為 $a\neq0$，故兩邊同除以 a

$$\underline{x=5}$$

像這子，$y=ax+b$ 的形無法表示平行 y 軸的直線。

這是只要增加變數，就可增加所涵蓋的範圍的實例。

第
5
章

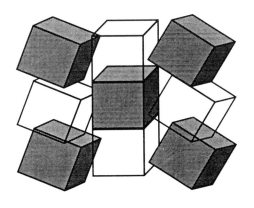

11 使計算更輕鬆的符號的方便性

數學通常會在儘可能廣泛的範圍中，要求使事物成立的定式化。此時會利用符號或文字來表示式子，記號化並不只是單純帶來一般性而已，還可以透過對象的整理，使式子的表現更簡潔，有時也會帶來使計算簡便的意外的方便性。在此，尤其是記號化，可使問題處理起來更方便，以下就透過幾個例子來加以說明。

問題 1

求斜線部分的面積。

大圓的半徑是 16.5cm，小圓的半徑是 8.5cm。

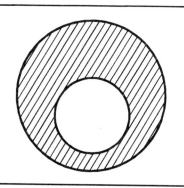

【解說】

假設面積為 S，則

$S = 3.14 \times (16.5)^2 - 3.14 \times (8.5)^2$

$\quad = 854.865 - 226.865$

$\quad = 628 \quad [\text{cm}^2]$

這種計算方式連小學生都可以計算出來，但是非常麻煩。

在此，若 $R=16.5$，$r=8.5$，則

$$S= \pi R^2 - \pi r^2$$
$$= \pi (R^2 - r^2)$$
$$= \pi (R+r)(R-r)$$

因此，

$$S=3.14 \times 25 \times 8=3.14 \times 200=628 \quad [\text{cm}^2]$$

即可輕易求出。

問題 2

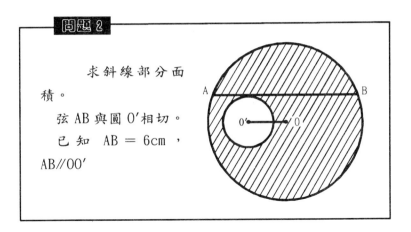

求斜線部分面積。

弦 AB 與圓 O′ 相切。

已知 AB ＝ 6cm，

AB∥OO′

【解說】

設圓 O 半徑為 R，

圓 O′半徑為 r，則

要求的面積為 S，

$$S= \pi R^2 - \pi r^2$$
$$= \pi (R^2 - r^2)$$

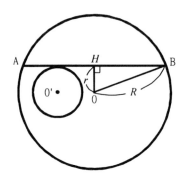

三角形 OBH 依照畢氏定理得知，$HB^2 + r^2 = R^2$，$HB = 3$

所以，

$$R^2 - r^2 = 3^2 = 9$$

$$\therefore S = 9\pi \ [cm^2]$$

接下來是稍微難一點的問題。

問題 3

在一個大小不明的木球中，用鑽孔器鑽一個長 6cm 的圓筒狀洞穴。請問，此球體剩餘部分的體積為多少 cm³？

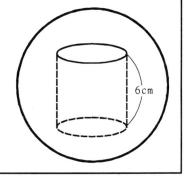

6cm

【解說】

這個題目讓人感覺有點資料不足。

但是，能夠用以下的方式來解答。

球體的半徑……R

所求體積……V

則參照下圖，

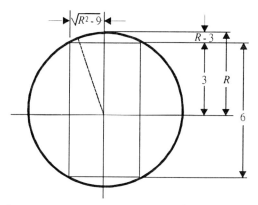

$$V = \frac{4}{3} \pi R^3 - 6\pi(R^2 - 9) - 2\pi\left\{\frac{2}{3}R^3 - (3R^2 - 9)\right\}$$
（球的體積）（圓柱的體積）（圓形部分的體積）

$$V = 36\pi \quad [\text{cm}^3]$$

（奇怪！R 怎麼消失了呢？）

　　令人驚訝的是，球的半徑 R 消失了。結果，剩餘部分的體積，不管任何一個球都是一樣的。

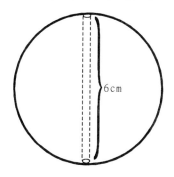

6cm

　　事實上，這個問題還有另一種非常獨特的解法。就是在第 1 章的鯨魚原理中所談論過的極端論法。上圖表示在球體中開一個非常細小的洞穴。

　　此時，可將想法擴大。可以假設開一個半徑幾近於

0 的洞，則剩餘部分的體積為何？因為球的體積幾乎為 3cm，故可算出 $V = 4/3 \pi \cdot 3^3 = 36\pi$

　　問題 2 、 問題 3 是假設未知的變數，最後使其全部消失，這種感覺和後述的『觸媒的構想法』（參考第 6 章 18）很接近。

　　前面都是關於圖形的問題，以下來看看計算的問題。

問題 4

> 　　求相乘和相加的答案都是 2 的數（有理數的範圍內）。

【解說】

　　舉例來說。

$$2 \times 2 = 2 + 2 = 4, \quad 3 \times \frac{3}{2} = 3 + \frac{3}{2} = \frac{9}{2}$$

$$4 \times \frac{4}{3} = 4 + \frac{4}{3} = \frac{16}{3}, \quad 5 \times \frac{5}{4} = 5 + \frac{5}{4} = \frac{25}{4}$$

$$6 \times \frac{6}{5} = 6 + \frac{6}{5} = \frac{36}{5}, \quad 7 \times \frac{7}{6} = 7 + \frac{7}{6} = \frac{49}{6}$$

可以做出這些算式。

　　這也是用文字式來表現題意，能夠簡單的定位化，即

$$xy = x + y$$

$$\therefore y = \frac{x}{x-1}$$

$x=2,\ 3,\ 4,\ 5,\ 6,\ 7,\ 8,\ \cdots\cdots$

相對於此，y 值爲

$$y=2,\ \frac{3}{2},\ \frac{4}{3},\ \frac{5}{4},\ \frac{6}{5},\ \frac{7}{6},\ \frac{8}{7},\ \cdots\cdots$$

的確出現了規則性。

問題 5

求 $(\frac{1+\sqrt{5}}{2})^3-(\frac{1+\sqrt{5}}{2})^2(\frac{1+\sqrt{5}}{2})$

$-(\frac{1+\sqrt{5}}{2})(\frac{1-\sqrt{5}}{2})^2+(\frac{1-\sqrt{5}}{2})^3$ 的值。

【解說】

如果按部就班來做，將會是非常麻煩的計算。因爲數字只有 2 種，所以

$$x=\frac{1+\sqrt{5}}{2},\quad y=\frac{1-\sqrt{5}}{2}$$

則

給予的式子 $=x^3-x^2y-xy^2+y^3$

$\qquad\qquad\quad =(x^3-y^3)-xy(x+y)$

$\qquad\qquad\quad =(x+y)^3-4xy(x+y)$

$x+y$ 或 xy 稱爲「初等對稱式」，經常被使用。

在此，$x+y=1$，$xy=-1$

因此，所給予的式子 $=1^3-4(-1)\cdot1=5$

答：5

12 「被給予的條件」這個名稱的恐怖

在面對數學問題時,必須要注意到一點,就是「問題中附加了何種條件,應該利用什麼條件、使用何種工具,才能夠順利的解決問題」,必須要充分的掌握住這點,即要明確的掌握題意。清楚認清條件才是解決問題的第一步。

首先,我們從在困難的生活環境中分析什麼是可以用的,冷靜的面對狀況,且絕對不死心的面對問題的 2 個人的故事開始說起吧!在嚴苛的狀況下,利用有限的環境解決問題的態勢,在數學方面也是共通的。

（第一段故事）

中松義郎,日本人,他所發明的東西超過 2,360 件,數量之多,甚至凌駕於發明大王愛迪生之上。在他的發明中,有許多獨特的事物,其中也包括稱為『頭腦好的機器』的東西。此外,IBM 公司也頒給他有關於電腦磁盤的執照許可證,因此,他絕對不是一個隨隨便便的發明家。

這是發生在發明王中松先生中學時代的事情。那時正是第一次世界大戰期間,物資呈現慢性不足。

對於學生們而言,連求個溫飽都是件很困難的事情,因此,在嚴寒的冬天時,必須忍受酷寒專心讀書,

但是並不是一件容易的事。嚴寒的天氣會使學習的效率降低，於是，中松便很認真的思考，看看有沒有什麼辦法能夠讓自己忘記寒冷。但是，別說是點油燈了，在連學習用紙都不足的時代裡，手邊根本沒有可以燃燒取暖的資材。他開始思考，「什麼都沒有，真是一點辦法也沒有。……到底能夠獲得什麼呢……」

就在他感到煩惱時，他找到了他的目的物品。

「……對！就是空氣！空氣能夠不受限制的充分利用……」

有了這種想法之後，中松便拼命的研究利用空氣加溫的方法。若要發明，則不僅要注意材料，而且還必須充分的了解其性質。這樣努力的結果，終於產生了中松先生第一個獲得許可的「無燃料暖房裝置」。

他利用急遽壓縮空氣產生高熱的性質，製造出了暖房。所使用的動力當然是人力，踩下汽車的踏板時，活塞就會壓縮氣缸，而成為這種裝置。後來，他也曾被朋友嘲笑「嗯，踩下踏板之後，身體的確是暖了一點」，但是對於中松而言，這是一項值得回憶的重要發明。

（第二段故事）

在嚴苛的生活環境中，並不是什麼都在戰爭中限制，以下就是關於在南極的昭和基地的故事。

有一次，要從石油儲藏槽中將石油搬運到昭和基地時出了問題。每次只有在需要時，才將石油裝進石油罐中運輸，是件很麻煩的事，但這時又沒有可供運輸的塑膠管或鐵管。在這樣的情況下，不知道有沒有什麼好的

構想？

　我們必須從現在的環境中仔細思考。在基地中開了好幾次會，但是始終得不到好方法。有一次，當時的越冬隊長村山雅美先生突然想到，「在我們現在的環境中，可以使用的豐富資材是什麼呢？」

　突然，他注意到自己身邊的東西。「是冰！」

　的確，在南極這個地方冰是無盡的資材。接下來就是實行的問題了。在石油儲藏槽到基地的路徑上挖掘溝渠，若在此溝渠中澆上熱水，則馬上就可以造出一條石油輸送溝，蓋子也是用冰做的。就這樣，在有限的條件中冷靜思考的結果，終於得到一個好的構想。

　像以上的例子所表現的，不管是空氣或是冰，都是配合狀況，而容易且大量取得的。但是，就是由於太過醒目了，所以一般人都不會注意到。但是只要充分的了解其性質，就可以在有限的條件下集中思考力，加以利用，而得到好結果。當然，在現實生活中不可能凡事都能順利的進行，但這只是在暗示我們凡事不要太早灰心。

　在數學方面也可說是一樣的。在有限的條件中集中思考是很重要的。例如，問題所給予的條件為 x 是實數，y 為整數這種具體的條件。實數或整數——其他還有自然數、有理數等——這些就像是空氣和冰一樣，不！應該說它超越它們，它是無限的。乍看之下似乎很難應付，但實際是各有其有趣的性質。

　在解決數學問題時，了解這些性質的重要性與先前製作暖房機時，了解空氣性質的重要性是相同的，如果

不了解這些性質，就無法擁有好的構想。

接下來就介紹幾則關於數學的性質。當看到這些數時，就可以想起以下的性質，並且能夠加以有效的活用。

① 實數平方一定在 0 以上。

<例> $5^2 = 25 (\geqq 0)$ $(-\sqrt{2})^2 = 2 (\geqq 0)$
    $0^2 = 0 (\geqq 0)$

（註）≧是表示＞或＝的意思。

因此，2≧0 就是表示 2＞0 或 2＝0 的意思，成為正確的命題。

② 分數與分數之間一定還有分數。

<例> $\dfrac{1}{5}$ 與 $\dfrac{2}{7}$ 之間，

例如 $\dfrac{17}{70}$ $(= \dfrac{\frac{1}{5} + \frac{2}{7}}{2})$ 是存在的。

（這就稱為有理數的「稠密性」）

③ 整數乘以整數一定是整數。

<例> $5 \times 3 = 15$ $(-2) \times 4 = -8$

④ 在每一個自然數中，一定有大於 1 的自然數存在。

<例> $100 \rightarrow 101$

最後，我們來解一個具體的問題。

問題

求滿足 $\dfrac{2}{P} + \dfrac{1}{q} = 1$ 的整數 p、q 之值。

【解答】

　　將分母通分，得 $2q + p = pq$。

　　移項右邊，則 $p(q-1) - 2q = 0$

　　兩邊同加 2，則 $p(q-1) - 2q + 2 = 2$

　　因數分解，則 $(p-2)(q-1) = 2$

　　因為 p、q 為整數，故

$$\begin{cases} p-2 = \pm 2 \\ q-1 = \pm 1 \end{cases} \quad 或 \quad \begin{cases} p-2 = \pm 1 \\ q-1 = \pm 2 \end{cases}$$

　　　　　　　　　　（均為複號同順）

只有這樣子的組合。

　　解這個聯立方程式，

答： $(p, q) = (3, 3)$，$(1, -1)$，$(4, 2)$

　　此外，也有 $p = 0$、$q = 0$ 的答案出現，但是這會使原來的條件式的分母變成 0，故不合。

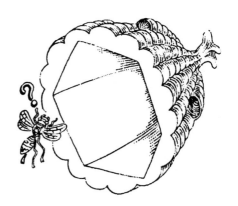

13 什麼是分解

在日常生活中有煩惱，或是被工作或課業忙得團團轉時，首先應該開始什麼樣的課業呢？

有一種方法是在內心感到不安的狀況中，一件一件的做事情，但是這種方法不太好。因為當內心感到不安時，無法用全體像來掌握工作（無法透視），因為人類的精神能力無法充分發揮出來。因此，有些人會寫日記，正確的思考自己的行動，並且訂定縝密的計畫，每天努力地朝明確的方向出發。

對於覺得做事很麻煩而又沒有時間的人而言，只要實行這一項，就會發現做起事來很簡單。

這就是「記筆記」。我們想想前面提到的方法，將筆記記下來，充分整理自己應該做的事情，掌握住全體，並且一一應付每一個問題，結果，就能夠充分掌握想要做的事情的課題，且一項一項的加以解決，這是非常合理的方法。

取得律師、會計師、通譯這三大資格的黑川康正，在其著作『整理術』中指出「1 張便條紙就可以使頭腦更清楚」。我想，實行看看對你應該不會有所損失吧！

此外，記在便條紙上的事情應該做更細微的分割。

例如，

參加朋友 K
的結婚典禮 ⟨ 準備結婚典禮的演講稿
到銀行領錢準備包紅包
準備禮服

像這樣子的狀況。

因此，現在應該做的事情就可以一覽無遺了。

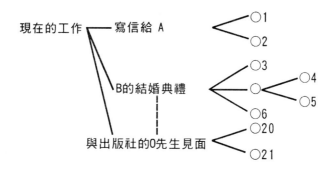

像這樣把一個大對象分割為幾個小對象，就稱為「分解」。將作業分割完後，就要開始思考每一項工作的期限，應該訂定實行 1~21（參照上圖）的小作業的順序。這樣可以透視全體，故能夠在時間的許可範圍內，充分的進行各項作業。

數學也是一樣，只是與日常生活相比，其範圍較受限制，故從某種意義上來看，它是更容易的。因此，依照場合的不同，我們可以如此分析「當遇到較大的困難課題時，應該冷靜的分析對象，將其分割為較小的課題。在掌握了全體像之後，再一一的解決小課題，這就是『整理與安心之術』」，只要記住這一項即可。

那麼，接下來就做問題吧！

　　證明任何自然數 n 的 3 次方減去本身的數後，都能夠被 6 整除。

〔提示〕

$$能夠被6整除 \begin{cases} 能夠被2整除\cdots\cdots A \\ 能夠被3整除\cdots\cdots B \end{cases}$$

應該分為 A、B 二種。

若要表現出 A，則要將 A 再分為 2 種。

$$A \begin{cases} 若\ n\ 為偶數 \\ 若\ n\ 為奇數 \end{cases}$$

B 也進行相同的分割。

〔證明〕

$$n^3 - n = n(n^2 - 1) = (n-1)n(n+1)\cdots(*)$$

(A)　所給予的式子能夠被 2 整除。

　　①很明顯的，若 n 為偶數，則(＊)亦為偶數。

　　②若 n 為奇數，則 $n-1$ 為偶數，(＊)能夠被 2 整除。

(B)　若給予的式子能夠被 3 整除。

　　①當 $n = 3k$ 時，

　　　很明顯的，(＊)能夠被 3 整除。

　　②當 $n = 3k+1$ 時，

　　　$n-1$ 為 3 的倍數，(＊)能夠被 3 整除。

　　③當 $n = 3k+2$ 時，

$n+1$ 為 3 的倍數，(＊)能夠被 3 整除。

由(A)和(B)得知，n^3-n 能夠被 2 和 3 整除，即可以被 6 整除。　（證明結束）

問題 2

解 $ax+b>0$

【解說】

雖然這是很簡單的形，但是也別具意義。

$ax>-b, \therefore x>-\dfrac{b}{a}$ ，這樣的解答實在太露骨了。

這時，有必要加以分解。

(i) 當 $a>0$ 時，$x>-\dfrac{b}{a}$

(ii) 當 $a<0$ 時，$x<-\dfrac{b}{a}$

最後，想想 $a=0$ 時。

(iii) 當 $a=0$ 時，

(1)當 $b\leqq 0$ 時，滿足 $0 \cdot x+b>0$ 的 x 不存在。

(2)當 $b>0$ 時，滿足 $0 \cdot x+b>0$ 的 x 有無數個。

（全實數）

即使在看似簡單的數學問題裡，也應該完全思考應該要思考的狀態。

湖上的 UFO 的高度是？

最近看見 UFO（Unidentified Flying Object）的人增加了。

其可信度目前尚不明確，但是有必要確定其資料。若你在半夜看見 UFO，你如何判斷其高度、直線距離呢？在此不妨思考看看。

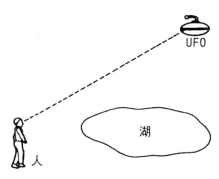

UFO 會有一小段的靜止時間。

只要有如下圖所示的附上重物的分度器當做測量器具即可。最好知道自己一步的步伐大約幾 cm。

求距離的方法如下頁圖所示。

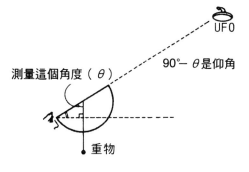

首先，測定目擊地點 A 的仰角 α。接下來，快速的退後幾步，在地點 B 再度測量仰角 β。此時，只要用你的步幅來推定 AB 之間的距離即可。

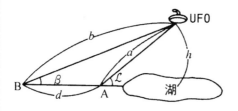

為了方便日後的測定，所以最好留下記號。

則請求 a，b，h。

從正弦定理得知

$$\frac{a}{\sin\beta} = \frac{d}{\sin(\alpha-\beta)}$$

$$\therefore \quad a = \frac{d\sin\beta}{\sin(\alpha-\beta)}$$

$$\therefore \quad h = a\sin\alpha = \frac{d\sin\alpha\sin\beta}{\sin(\alpha-\beta)}$$

此外，也可由正弦定理得知 b，$b = \dfrac{d\sin\alpha}{\sin(\alpha-\beta)}$
實例之一。

當 $\alpha=55°$，步幅為 80cm，退後 20 步，$\beta=53°$時，

$a=0.8\times 20\times\dfrac{\sin 53°}{\sin 2°}\doteqdot 366$ [m]，同樣的，$b\doteqdot 376$ [m] $h\doteqdot 300$ [m]

若旁邊有朋友，就能夠確認 UFO 是否靜止的。此外，在測量物體大約的角度時，也可以很容易的算出其大小。

第
6
章

改變對象的形

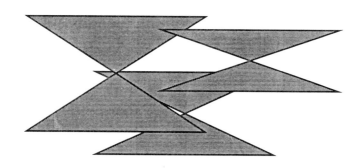

14 縮小來看

▾▾▾▾▾▾▾▾▾▾▾▾▾▾▾▾▾▾▾▾▾▾▾▾▾▾▾▾▾▾

　　只要觀察一下在市面上看到的商品，就能夠發現一項事實。當然，並不是每項商品都流向這個方向，但是，大部分的商品都被迷你化、壓縮化。

　　最典型的例子就是在電子工學的領域中可以看見的，從真空管進入晶體、IC、LSI，隨著電腦的小型化，使得電腦變得更省資源、省能量，並且容易使用(Interface)，其便利性急遽增加。

　　即使不看最尖端的領域，在我們的日常用品中也經常可以看到方便使用和方便搬運的構想。例如下圖的海綿，如果壓縮成小塊的話，則流通業者與消費者都能夠較容易的搬運。

　　在數學方面，迷你化也是相當普遍的思考方式。

　　此時也和其他的物品一樣，著眼於其方便性（節省

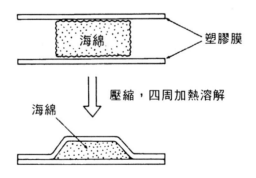

能源性）和流行性這兩點。一般而言，數學的記述與其用非常繁瑣的說法來表現其內容，倒不如用較簡潔的書寫方式，讓事情「更清楚」。也許這就稱為數學的流行性。

在這一節中，我們從「容易使用」進入話題。以下將要展開的 問題 2 的＜證明＞，是比較麻煩的問題。這是在使用電腦求 G.C.M.（最大公約數）時使用的方法，所以大家只要看看其做法即可。首先，我們先從小學的問題開始著手。

問題 1

$$請計算 \frac{92}{69} + \frac{50}{75} =$$

【解說】

$$\frac{92}{69} + \frac{50}{75} = \frac{92 \times 75 + 50 \times 69}{69 \times 75} = \frac{6900 + 3450}{5175} = \frac{10350}{5175} = \cdots\cdots = 2$$

有人會照這樣子來計算嗎？當然要經過以下的約分後再計算。

$$\frac{92}{69} + \frac{50}{75} = \frac{4}{3} + \frac{2}{3} = \frac{6}{3} = 2$$

儘量將式子簡化計算，這在初等教育的階段就已經學習過了，非常基本，但卻也非常重要。在讓電腦計算時，若不在程式方面下一點工夫，就會變成像最初一樣的計算方式。

不使用因數分解，求 1058 與 943 的 G.C.M.
（最大公約數）。

【解說】

因數分解為

$1058 = 2 \times 23^2$

$943 = 23 \times 41$

故 G.C.M.為 23。

其次，不使用因數分解來求此數。

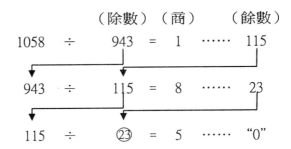

（除數）（商）　（餘數）

$1058 \div 943 = 1 \cdots\cdots 115$

$943 \div 115 = 8 \cdots\cdots 23$

$115 \div ㉓ = 5 \cdots\cdots \text{“0”}$

〔答〕23

像以上這樣反覆進行（除數）÷（餘數）的計算，
當餘數為「0」時（即整除時）的除數，就是最初 2 數
的最大公約數。

這個方法稱為「歐基里德輾轉相除法」，後面將會
提及。若要用此法求 G.C.M.，則 2 數的組都要漸漸縮小
才可以。

以下再舉幾個例子來說明。

〔例1〕37 與 5 的 G.C.M.

$$
\begin{array}{r}
7 \\
5\overline{)37} \\
35 \\
\hline
2
\end{array}
\quad
\begin{array}{r}
2 \\
2\overline{)5} \\
4 \\
\hline
1
\end{array}
\quad
\begin{array}{r}
2 \\
①\overline{)2} \\
2 \\
\hline
"0"
\end{array}
$$

〔答〕1（互質）

這也適用於文字式。

〔例2〕求 $x^3-5x^2+11x-10$ 和 x^3-4x^2+8x-5 的 G.C.M.

$$
\begin{array}{r}
1 \\
x^3-5x^2+11x-10\overline{)x^3-4x^2+8x-5} \\
x^3-5x^2+11x-10 \\
\hline
x^2-3x+5
\end{array}
\quad
\begin{array}{r}
x-2 \\
(x^2-3x+5)\overline{)x^3-5x^2+11x-10} \\
x^3-3x^2+5x \\
\hline
-2x^2+6x-10 \\
-2x^2+6x-10 \\
\hline
"0"
\end{array}
$$

答：G．C．M．為 x^2-3x+5

那麼，請證明「歐基里德輾轉相除法」。

＜輾轉相除法的證明＞

請想想 2 數 A、B 的 G．C．M．

$A \div B = Q \cdots R$　$\therefore A = BQ + R$……①

請思考 B 與 R 的公約數 $k \cdots$(a)

$\therefore B = kB'$,　$R = kR'$……②

將②代入①，則

$A = kB'Q + kR'$

$$=k(B'Q+R')\cdots\cdots③$$

由③得知 k 爲 A 的約數,因此 k 爲 B 的約數,則 k 爲 A 與 B 的公約數$\cdots\cdots$(a)

從 (a) 的下線部得知,

B 和 R 的公約數也是 A 和 B 的公約數$\cdots\cdots$④

將①變形爲 $R=A-BQ$

同樣的,A 和 B 的公約數爲 l $\cdots\cdots$(b)

因爲 $A=lA'$, $B=lB'$,所以

$R=l(A'-B'Q)$,l 爲 R 的約數,l 爲 B 的約數, l 是 R 和 B 的公約數$\cdots\cdots$(b)

同樣由(b)的下線部可得知,

A 和 B 的公約數都是 B 和 R 的公約數$\cdots\cdots$⑤

由④和⑤得知,A 和 B 的公約數與 B 和 R 的公約數都是一致的,即 A 和 B 的 G.C.M.與 B 和 R 的 G.C.M. 一致。 （證明結束）

B 和 R 這組的數比 A 和 B 這組小,故較容易應付。 在反覆的操作過程中,B 最後能夠被 R 整除,而在整除時的除數就是 G.C.M.。

（參考 A, B 二數的 G.C.M.以(A, B)表示,最初例子的結果爲

$(1058, 943)=(943, 115)=(115, 23)=23$,以這種方式來表現）

就像以上所看到的幾個例子一樣,「從小的地方來思考」是人類思考原理之一。

15 標準化的思想

▼▼▼▼▼▼▼▼▼▼▼▼▼▼▼▼▼▼▼▼▼▼▼▼▼▼▼▼▼▼▼

在數學的世界中，爲了要簡化式子，於是需要標準化的思考。

標準化 (standerization) 適用於各種的數學。

【例 1 】

$y=x^2-2x+2$ 是
$y=(x-1)^2+1$ 的
變形。

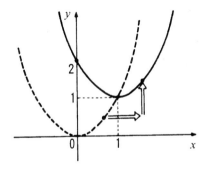

這可以成爲

$y-1=(x-1)^2$ ……①

$\begin{cases} Y=y-1 & ……② \\ X=x-1 \end{cases}$

①式可以簡化爲

$Y=X^2$ ……③。

如果以上圖來表示，則①代表實線的曲線，③則代表虛線的曲線。此外，②式代表③往①平行移動的意思。

①式或 $y=(x-1)^2+1$ 就稱爲原來式子 $y=x^2-2x+2$ 的標準形。

（因爲只要看①式，即可更加了解原來的式子所表現的曲線）

另外，再從統計的領域上看一個標準化顯著的子。

【例 2】

世界上有關於統計的分布實在是太多了。

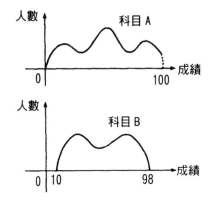

例如考試也是一樣，像科目 A，有些是呈現出 3 個凸起的狀況，也有些是像科目 B 般，呈現 2 個凸起的狀況。

但是一般而言，如果收集多一點的樣本數，則不論是要表現考試成績或是身高、體重的數值分布，都會如下圖的圖形所示。

這就稱為「正態分布」，以平均值 m 為中心，呈現左右對稱的形狀，是非常有名的分布。

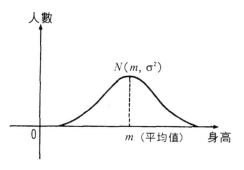

這個曲線以方程式

$$y = \frac{1}{\sqrt{2\pi}\sigma} e^{-\frac{(x-m)^2}{2\sigma^2}} \cdots\cdots ④表示$$

式中的 σ 稱為標準差，是用數值表示廣泛的分布範圍。σ 愈大表示樣本分布得愈廣泛，σ 愈小，則表示

樣本集中分布在平均值附近。

接下來，進入有關統計的標準化。

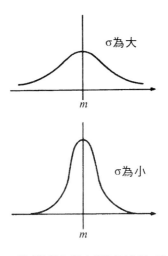

看④即可了解，因為 m 和σ值的不同，而會呈現各種不同的分布。雖然同樣是身高的分布，但是小學生、中學生、高中生、台灣人、美國人、印度人……的 m 與 σ 應該也都不同。

在統計表中，大部分都是出現 m 和σ。例如，當國中生 S 同學的身高為 165cm 時，我們就可以很清楚的看出他從上面數來，大概位於百分之幾的地方（因為沒有給予全體的度數分布）。

接著，請看下頁的圖。

這裡有各種分布，如果每一個正態分布都進行 $Z = \dfrac{X - m}{\sigma}$ 的變換，則會變成 $m=0$，$\sigma=1$ 的「標準正態分布」，而進行這個變換的過程就稱為「標準化」。這裡不只是單純的平行移動而已，分散也是標準化，因此，這可能會比〔例 1〕更難了解。

而此標準正態分布方程式是下頁圖中所給予的式子，比④式更簡單（沒有多餘的 m 或 σ），對於所有 z 的值 u，可以計算出圖中斜線部分的面積佔分布曲線下的全體面積的百分比，而成為一張圖表。

因此，所有正態分布在標準化後都能夠看表處理。

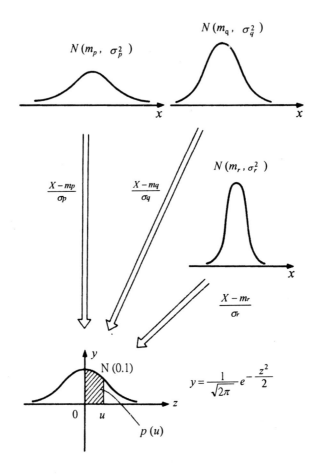

舉個例子。

【例題】

　　某高中的男生平均身高為 169.4cm，當標準差值在 5cm 的正態分布時，身高 175cm 的學生是在前百分之幾以內呢？

　　假設 $p(1.12)＝0.3686$。

【解】

　　設 $Z＝\dfrac{X-169.4}{5}$，則 Z 會因 $N(0.1)$ 而改變。

　　因此，$P(175≦X)＝P(1.12≦Z)＝0.5-p(1.12)$

　　　　　　　　　$＝0.5-0.3686=0.1314$

　　　　　　　　　　　　答：約 13.2%以內

16 分配法則——節省能源的想法

　　現在日光燈的照明已經成為主流了，因此也許有些人不知道以下將要介紹的燈座。這是現在的松下電器的已故創業者松下幸之助還在經營工廠時的想法，因此也可以說是代表日本的發明品之一，甚至創造了百億元以上的利益。

　　下圖為其單純的分解圖，很明顯的，共通的部分可以集合起來以節約能源。這對於資源、能源缺乏的我國而言，很容易的就被接受了。

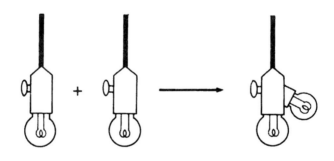

　　其他的電氣用品，如將 3 支麥克風以 1 根線變成拇指的麥克風，都是由這個想法所衍生出來的。

　　那麼，在數學的分配法則上，也許有人會想到以下的式子。

$(5+4) \times 3 = 5 \times 3 + 4 \times 3$

　　分配法則是分配「×」的運算，這是去掉括號的規

則。

但是，如果也了解另一種方法，則眼光便會更廣泛。
若將式子的兩邊對調，就會變成

$5 \times 3 + 4 \times 3 = (5+4) \times 3 \cdots\cdots (*)$

很明顯的，這是透過共通的部分將式子集約的方法
的原理。

看了(*)式之後，可以了解其有 3 個共通的部分，
右邊為了節省能源而做短的記述。

如此將相同的部分集中在一個地方的處理能力，也
和先前的燈座一樣，可以應用於現實的生活中，這難道
不是構成人類知性的要素之一嗎？

在其他的數學領域中，也可以看見分配法則的適用
例子。

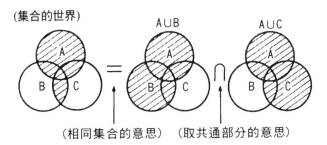

（相同集合的意思）　（取共通部分的意思）

看了上圖，我們可以很直覺的了解兩邊的集合是相
同的。若用式子表示就變成

$A \cup (B \cap C) = (A \cup B) \cap (A \cup C)$

這表示是分配∪的演算。

然而，這個集合演算的場合。

$A \cap (B \cup C) = (A \cap B) \cup (A \cap C)$

這個分配法則也是成立的，結果 2 種分配法則皆成立。這種構造稱爲布爾代數，是電腦數學（情報數學）的基本。

關於方程式的解法，在此介紹一種使用集約方法而能夠順利解題的方法。

問題

解以下的聯立方程式。

$$\begin{cases} x(x+y+z)=8 & \cdots\cdots\cdots① \\ y(x+y+z)=12 & \cdots\cdots\cdots② \\ z(x+y+z)=-4 & \cdots\cdots③ \end{cases}$$

【解答】

這個聯立方程式實在是相當美的形式，將①～③兩邊相加則爲

$$x(x+y+z)+y(x+y+z)+z(x+y+z)=8+12-4$$

將下線部的共通式子集約，則爲

$$(x+y+z)^2=16$$

$$\therefore x+y+z=\pm 4 \cdots\cdots④$$

(i) 當 $x+y+z=4$ 時，

由①得知　$4x=8$,　$\therefore x=2$

由②得知　$4y=12$,　$\therefore y=3$

由③得知　$4z=-4$,　$\therefore z=-1$

(ii) 當 $x+y+z=-4$ 時，

同樣的，$x=-2, y=-3, z=1$

答：$(x, y, z) = (\pm 2, \ \pm 3, \ \pm 1)$

（複號同順）

像這個例子的聯立式一樣，各邊相加的方法不僅限於考試，在展開方程式論時也可以使用。

擴大化及一般化的原理 17

　　右圖的火柴棒並不是普通的火柴棒，到底是哪裡不一樣呢？

　　事實上，就有人做比普通大好幾倍的火柴棒，然而這麼大的火柴棒到底有什麼用處呢？

　　事實上，這種火柴非常的受歡迎，尤其是在野外烤肉時。只是把它加大而已，就能夠增加其點火機能。

　　而在數學方面，「擴大化」的代表例子都只是在求L.C.M.（最小公倍數）而已。

【例1】通　分

$$\frac{1}{105}+\frac{1}{180}=\frac{12+7}{1260}=\frac{19}{1260}$$

將數擴大為共通的基礎，就是通分的思考模式。

【例2】數的擴張

　　要解方程式或是在解方程式的過程中，都會思考各式各樣的數。

$x-3=0$ 的解……$x=3$　　　（自然數）

$x+2=0$ 的解……$x=-2$　　　（負整數）

$3x-5=0$ 的解…$x=5/3$　　　（有理數）

$x^2-7=0$ 的解……$x=\pm\sqrt{7}$ （無理數）

$x^2+1=0$ 的解……$x=\pm i$ （複數）

像這樣數被擴張之後，方程式的解就能夠自由的被表現出來。

此外，若不將數擴張到複數以上，則方程式的解也可以在範圍內（$a+bi$ 的形式）表現出來。

例如 $x^2=i$ 的解並不是 $x=\pm\sqrt{i}$，

而是 $x=\pm\left(\dfrac{\sqrt{2}}{2}+\dfrac{\sqrt{2}}{2}i\right)$ 。

像這樣將收擴張之後，即使是質數也能夠因數分解。

$3=\sqrt{3}\times\sqrt{3}=(\sqrt{5}+\sqrt{2})(\sqrt{5}-\sqrt{2})$

$11=(2\sqrt{3}+1)(2\sqrt{3}-1)$

如上所述，在數學方面，「擴大」這種想法是非常普通的，尤其是在高等數學方面，在一個「體」（具有數種數學性質的集合）中添加要素，擴大成為更大的「體」而成為話題。

也有人利用以下的解法做整式的因數分解，那麼，到底是哪裡出錯了呢？

$x^4-1=(x^2+1)(x^2-1)$

$\qquad=(x^2+1)(x+1)(x-1)$

$\qquad=(x^2+1)(x+1)(\sqrt{x}+1)(\sqrt{x}-1)$

$\qquad=(x^2+1)(x+1)(\sqrt{x}+1)(\sqrt[4]{x}+1)(\sqrt[4]{x}-1)$

$\qquad\qquad\vdots$

如上所述，的確不限於實數係數的範圍內，可以持續的進行因數分解，但是……。

請各位想想因數分解的定義，就可以了解哪裡出了問題。因數分解是將一個整式分解為 2 個以上的整式的積的形式，那麼，何謂整式？

整數 $\begin{cases} \text{單項式}\cdots \text{幾個文字和數合起來的式子（例　8，} \\ \qquad 5abx^2） \\ \text{多項式}\cdots \text{幾個單項式的和所表現出來的式子} \\ \qquad \text{（例　} 5ax^2+3bx+8） \end{cases}$

　　但是 $\sqrt{x}+1$ 或 $\sqrt{x}-1$ 不可以稱為整式，$\sqrt{x}$ 乘以 2 次會變 $x\ (=\sqrt{x}\times\sqrt{x})$ 這樣的文字，故 $\sqrt{x}$ 本身並不可以說是文字。此外，像 $\sqrt{x}+1$ 等這種也不是多項式。以現在的例子來說，在第 3 行就出現了錯誤。

　　最後，我們用一般化的觀點來思考證明不等式的問題。

問題

　　當定數 a，b 滿足 $a<b$ 的自然數時，

$$\log b-\log a>\frac{b-a}{b+a}$$

　　證明其成立。

　　（註：log 是自然對數）

【解說】

因為自然數有無數個，所以例如

$$\log 3-\log 2>\frac{3-2}{3+2}$$

這樣的式子應該都是成立的。

這種式子只要查對數表就可以很容易的確立其成立。但是，因爲式子有無數個，故要一一檢查是不可能的。因此，必須要想想這種式子是否可以變成其他的形式。

$$左邊 = \log \frac{b}{a} \quad , \quad 右邊 = \frac{\dfrac{b}{a} - 1}{\dfrac{b}{a} + 1}$$

如果能夠看出這樣的變形就太好了。

假設 $x = \dfrac{b}{a}$，則只要證明以下的式子即可。

$$\log x > \frac{x-1}{x+1} \quad （但 \ x > 1）$$

　　在此，x 是大於 1 的有理數（分數）。但是，如果將變域擴大到比 1 還大的實數來證明，也沒有什麼不適合的。在此也包含將定數一般化而爲變數（因爲使用 x 這個文字，故讓人感覺是變數），必須特別注意。

　　到此便可使用「微分」當做證明一變數不等式的手段。

$$f(x) = \log x - \frac{x-1}{x+1}$$

$$f'(x) = \frac{1}{x} - \frac{2}{(x+1)^2}$$

$$= \frac{x^2+1}{x(x+1)^2}$$

很顯然地，$x > 1$，$f'(x) > 0 \cdots\cdots$①
另外，$f(1) = 0 \cdots\cdots$②

由①和②可以證明 $x>1$，$f(x)>0$。

以上適用於 $x>1$ 的實數，而有理數方面也很明顯的可以證明其成立。

（證明結束）

在此，可以利用「微分」這個強而有力的手段來實行一般化及擴大化。

18 使用之後再精算

　　我想各位在化學課時一定都學過觸媒。所謂的觸媒是「本身並不會參與化學變化，但是卻會促使發生化學反應的物質」。促使發生氧時使用的二氧化錳，或是因應汽車所排的廢氣 (NOx) 所使用的鉑，非常有名。

　　而在數學成思考的世界中，也有類似觸媒的想法。首先，我們從未來的故事開始。

問題 1

　　當同盟帝國的飛龍皇帝去世而引發財產分配問題時，就急忙派遣了恆星宇宙曆 5201，銀河聯邦宇宙船 U.S.S. 恩塔普萊茲前來調解。皇帝有 3 位皇子，他在遺書中提及了要如何分配他所留下的 11 顆行星。

　　內容是，第一王子統治其中的 $\frac{1}{2}$，第二王子統治其中的 $\frac{1}{4}$，第三王子則統治其中的 $\frac{1}{6}$。為了要忠實的遵守這份遺言，第一王子支配了 5.5 個行星，第二王子支配了 2.75 個行星，而第三王子則必須要支配約 1.83 個行星。但是根據聯邦憲章的規定，一個星球上不能同時擁有 2 位以上的皇帝。3 位王子苦思之餘，決定請聯邦派來的卡庫船長到飛龍 α 星的王城，問問聯邦的見解及調解方案。

聽完了事情的來龍去脈之後，卡庫船長想了一下便笑了，他回答王子：「沒問題，那我們就獻上地球給王子吧！這樣就有 12 個行星了，各位也就能夠遵照遺言執行了。」

而不屑於這 3 位王子在一旁傾聽的史波克副長也點頭說：「雖然不盡完美，但也是一個不錯的解決方法。」

到底卡庫船長是怎麼想的呢？

【解說】

卡庫船長繼續對 3 位王子說：

「各位，如此一來，第一王子就可以治理 $\frac{12}{2}=6$ 個，第二王子治理 $\frac{12}{4}=3$ 個，而第三王子則可以治理 $\frac{12}{6}=2$ 個的行星。現在所分配的行星數總計正好是 6＋3＋2，共 11 個，而剩餘的 1 個，也就是最初我奉獻出來的地球，就應該要還我，反正再留下來也沒有用了。」他就這麼笑著跟王子們解釋。

卡庫船長提出了地球這個「觸媒」（沒有任何變化）而解決了問題。像這種加入某個數或式子來配合自己的情況，事後再精算的思考方法，經常可在數學的世界中看到。以下就介紹 2 個類似的簡單例子。

$\boxed{問題 1}$ 是大家所熟知的丟番圖方程式。

現在，丟番圖方程式是，

求滿足 $\dfrac{n}{n+1} = \dfrac{1}{a} + \dfrac{1}{b} + \dfrac{1}{c}$ 的自然數 a，b，c，n

的組合的問題。

（先前的例子，事實上是 $\frac{11}{12} = \frac{1}{2} + \frac{1}{4} + \frac{1}{6}$ ）

據說這個方程式有 7 種解答，但詳細的情形到現在還不清楚。

問題 2

解 $x^4 + 4$ 的因數分解（實數的範圍之內）。

【解說】

$$\begin{aligned}
\text{式子} &= (x^4 + 4x^2 + 4) - 4x^2 \\
&= (x^2 + 2)^2 - (2x)^2 \\
&= (x^2 + 2 + 2x)(x^2 + 2 - 2x) \\
&= (x^2 + 2x + 2)(x^2 - 2x + 2)
\end{aligned}$$

問題 3

求用 $x^2 + y^2 - 2x + 4y - 4 = 0$ 所表現出來的圓的中心及半徑。

【解說】

$(x^2 - 2x + \underline{1}) + (y^2 + 4y + \underline{4}) = 4 + \underline{1} + \underline{4}$

兩邊加上相等的數，

$\therefore (x-1)^2 + (y+2)^2 = 9 = 3^2$

因此是中心 $(1, -2)$，半徑 3 的圓。

這個問題的困難處在於加入原來不在式子中的 $4x^2$

或$-4x^2$，使算式較好處理這一點。反過來說，若是無法想到這點，就無法順利解決問題。人類通常有用眼睛所能看到的範圍來思考的傾向。

而要加入新的要素，對於人類的思考而言（或對將來的人工智能而言）是相當困難的。

在日常生活中亦同。當產生各種問題時，不要拘泥於現有的狀況，應該思考往外部擴大化、一般化，這才是學習數學的重要姿態。

在 3 位王子無法以自己的力量解決的問題中，因為外人（卡庫船長）和他們一起進行討論，並加入了其他的行星來討論，使得他們的基礎更加擴張的來討論問題。這就是處理問題的正確姿態。

希波克拉底的定理

這是向希臘的詭辯家們挑戰的問題，每一個題目都只能夠用直尺及圓規來作圖。

(1)任意角的 3 等分

(2)製作已知立方體 2 倍體積的立方體（目的的問題）

(3)製作與已知圓面積的正方形（圓面積的問題）

後來才發現這些不可能解決的幾何問題，與方程式的解有關聯。

住在希俄斯島的希波克拉底也向問題(2)、(3)挑戰。

他也無法解決圓面積的問題，但在特別月形中，他成功的平方化。

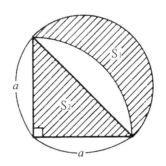

上圖就是這個例子，S_1 和 S_2 相等（假設等腰直角三角形的一邊長為 a，則大 $\frac{1}{4}$ 圓的面積和小 $\frac{1}{2}$

圓的面積，都是 $\frac{\pi}{4}a^2$，弓形部分是共通的）。

因此，2 個月形的部分和正方形 ABCD 的面積相等，只是變形而已。

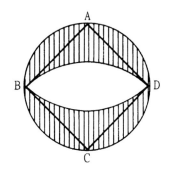

第 7 章

證明法──傷腦筋時的３位好朋友

19 反證法 — 假設命題不成立

首先,先介紹一個遊戲。

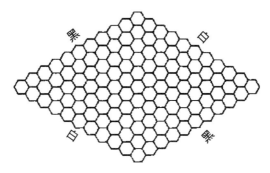

上圖是被稱爲六角遊戲「魔鬼」(6 的意思)的東西。

盤面是由 11×11,共 121 個正六角形所組成的,相對的兩邊是屬於黑白的陣地,而轉角則是屬於雙方的陣地。

2 位參賽者分別持黑色和白色的棋子,並交互放在自己喜歡的格子裡。但是,若六角形的格子被對方佔有了,那你就不可以再放在那個格子了。

遊戲的目的就是在自己顏色的陣地裡,連成一條連續的線。這條線無論如何的彎曲都無所謂。次圖就是黑陣營獲勝的例子。

「魔鬼」這個遊戲是由丹麥工程師皮特・海因於 1942 年所發表,而後來則由美國的約翰・那休所發揚光大(那休也認爲這個遊戲是他自己想出來的)。

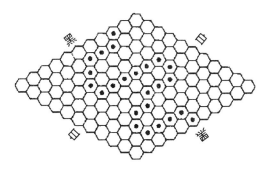

　　關於這個遊戲，後下的人並沒有必勝的戰略，藉由「反證法」可較容易表現出來。

　　所謂反證法是假設命題不成立而導出矛盾的一種證明方法。「因為這樣的假設非常奇怪，所以假設是錯誤的」，是這樣子的論法。

〈「魔鬼」這個遊戲後下的人沒有必勝戰略的證明〉

　　①假設後下的人一定會有勝利的戰略是存在的。

　　②在此，先下的人可能會採取對抗的戰略，且先下的人可以將棋子放在自己喜歡的地方，等第二顆棋子下完後，先下的人就變成後下的了，這時只要實行①中假設的必勝戰略即可。

　　若第一個放棋子的人其棋子有再度放置的必要時，則他只再度將棋子放在自己喜歡的位置即可。這種機會會有好幾次，但是只要保有多餘的一顆棋子，並著實地實行必勝戰略即可。

　　③而這多餘的棋子對先下的人並不會產生不利的作用，先下的人最後一定會得到勝利。

　　④如此說來，後下的人就一定會遭遇失敗，但這很

顯然地與先前的假設相矛盾。由此可知，①的假設是錯誤的。

⑤因此，後下的人其必勝戰略是不存在的。

（證明結束）

此外，約翰・那休於 1949 年時，經由證明主張先下的人會獲得勝利。

反證法亦稱為歸謬法，自古以來即被運用於命題的證明。從 $\sqrt{2}$ 或 π 等的無理數開始，康托爾所證明的超越數是可算無限，或是四色定理（不論是哪種地圖，只要用四種顏色就一定可以塗滿的定理）基本部分的證明的凱普業績等，反證法在許多領域中都非常活躍。就數學方面來說，它就像是流動售貨亭的支架。

在此思考一下質數是有無數個或是有限個呢？

以下的事實會讓人聯想到質數不是有限個。

現在，我們來探討 $n = 4! = 4 \times 3 \times 2 \times 1 = 24$，

$n + 2 = 2(4 \times 3 \times 2 + 1) = 26$

$n + 3 = 3(4 \times 3 \times 2 + 1) = 27$

$n + 4 = 4(4 \times 3 \times 2 + 1) = 28$

這 3 個連續數是合成數。

用樣地，$m = 10!$，則 $m + 2 \sim m + 10$ 這 9 個數也會成為合成數。

一般而言，若思考 $p!$，則 $p! + 2 \sim p! + p$ 的 $p - 1$ 個是合成數，若 p 取 10 兆，則有 10 兆個合成數存在。所謂數的增大，即表示質數間的間隔亦隨之增大，這不禁讓人聯想到最後質數是不存在的。

但事實上，質數是無數個的，這在西元前便經由歐基理德證明了，以下我們就利用反證法試著證明看看。

＜證明質數為無數個＞

①假設命題為偽，則質數有 $p_1, p_2 \cdots\cdots, p_m$ 為有限個。

②在此思考 $\iota = p_1 \times p_2 \times \cdots\cdots \times p_m + 1$ 無法被 p_1、$p_2 \cdots\cdots, p_m$ 任何一個質數整除。故 ι 應為質數，或是可被 p_1、$p_2 \cdots\cdots$、p_m 以外的質數整除。

③無論如何，$p_1, p_2, \cdots\cdots, p_m$ 以外的質數是存在的，這與①的假設相矛盾，故先前的假設錯誤，質數為無數個。 （證明結束）

最後，再利用反證法很巧妙的作一題證明題。

問題

有 n 個正實數 a_1、a_2、$a_3 \cdots\cdots a_n$，

$A = a_1 + a_2 + a_3 + \cdots\cdots + a_n$

$B = \dfrac{1}{a_1} + \dfrac{1}{a_2} + \dfrac{1}{a_3} + \cdots\cdots + \dfrac{1}{a_n}$

證明 A、B 中至少有一組是 n 以上（$n \geq 2$）。

【證明】

利用算術平均 $\geq$ 幾何平均。

$$A + B = (a_1 + a_2 + a_3 + \cdots\cdots + a_n) + \left(\dfrac{1}{a_1} + \dfrac{1}{a_2} + \dfrac{1}{a_3} + \cdots\cdots + \dfrac{1}{a_n} \right)$$

$$= (a_1 + \frac{1}{a_1}) + (a_2 + \frac{1}{a_2}) + (a_3 + \frac{1}{a_3}) + \cdots\cdots + (a_n + \frac{1}{a_n})$$

$$\geqq 2\sqrt{a_1 \cdot \frac{1}{a_1}} + 2\sqrt{a_2 \cdot \frac{1}{a_2}} + 2\sqrt{a_3 \cdot \frac{1}{a_3}} + \cdots\cdots + 2\sqrt{a_n \cdot \frac{1}{a_n}}$$

$$= 2n$$

$\therefore A + B \geqq 2n \ \cdots\cdots(*)$

在此否定命題，假設 A 與 B 皆比 n 小，則 A+B<2n
。

很顯然地，(*)與假設相矛盾，所以假設錯誤。由此可知，A 與 B 中至少有一個爲 n 以上。

（證明結束）

為何複質數中沒有大小？

在學校學到複質數時，老師會告訴我們：「複質數沒有大小」，為什麼呢？以下我們就用簡單的例子加以說明。

假設 $5+3i>4+2i$

移項則 $1+i>0$

$\therefore (1+i)^2>0$

展開整理，$2i>0$　$\therefore i>0$

但是，$i \cdot i=i^2>0$　$\therefore -1>0$ 矛盾

同樣地，若假設 $5+3i<4+2i$ 也會出現 $-1>0$ 這種矛盾現象。此外，若設 $5+3i=4+2i$，則 $i=0$ 仍然是矛盾的。

因此，這兩個複質數的 $>$、$<$、$=$ 的關係都是不成立的。

20 對偶法 ── 更簡單看問題的方法

距今100 年前的1882年，德國的醫生柯赫發現了結核菌。

為何會有這樣的成就呢？這是因為柯赫將細菌學視為一個獨立的領域，並成功的進行細菌的染色法及培養法的技術開發。

他在科學史上的貢獻為，將傳染病的原因歸咎於細菌。此時柯赫確立了後來被稱為「柯赫三原則」的方法論。這三原則不限於傳染病，也可以應用於普通的疾病中，因此可說是現代醫學的基礎之一。

以下簡介柯赫的三原則。

① 在同一種傳染病的症例中，經常可以發現相同的細菌。

② 這種細菌能夠利用單純的分離培養。

③ 被培養的細菌能夠在實驗疾病中再出現。

這些原理已經由柯赫的老師 J・海倫教授所提出，但是柯赫則經由實驗確定。

現在，我們先來看看三原則中的①。以下將以淺顯易懂的方式，具體的介紹①。

「霍亂患者的體內有霍亂菌。」

事實上，這樣的主張是正確的。但是，從這句話中，

我們來思考看看以下的主張何者正確。

A：若體內有霍亂菌，就會罹患霍亂。

B：體內沒有霍亂菌就不會罹患霍亂。

C：若不是霍亂的患者，則體內就不會有霍亂菌。

B為正確解答，因為從原本的說法中無法確定 A 和 C 是正確的。曾經有醫師將裝有霍亂菌的器皿擺在眼前提出反論，「這個細菌並不是造成霍亂的原因」，甚至在眾人面前喝下霍亂菌。而

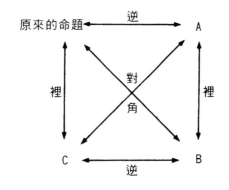

這位醫師並沒有罹患霍亂，但這並不代表柯赫有什麼錯誤。要罹患霍亂不僅是體內要有霍亂菌，還需要有對霍亂菌缺乏免疫力的場合。因此，對柯赫提出反論的這位醫師是具有免疫力的。

與原本的命題真偽一致的 B，稱為「對偶」。一面表現出同一的內容，對偶也有其易懂的時候。在這種場合，就必須以證明對偶來取代原來的命題。

由以上的例子，大家就可以知道原來的命題和命題 B 何者較俐落。

此外 A 為原來命題的逆，C 則稱為裡。注意這些對偶、逆、裡的關係是相對的，此外，A 和 C 互相有對偶的關係，故其真偽一致。

右圖說明了逆、裡、對偶關係的製作方式。逆、裡、對偶等，就是為了「操作」而賦予的名稱。

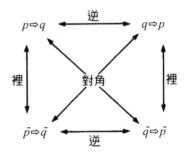

逆：⇒的兩邊代換
裡：⇒的兩邊的否定
對角：⇒兩邊代換、否定

　　先前說這些關係是「相對的」，就是例如因為裡的操作，所以「$\bar{p} \Rightarrow \bar{q}$」，就變成「$p \Rightarrow q$」，而「$p \Rightarrow q$」就變成「$\bar{p} \Rightarrow \bar{q}$」裡的命題。

　　霍亂菌的例子是表示「逆未必為真」。而所謂的誤診也可以用相同的理由來說明。

　　現在假設 d 是一種會出現輕微症狀 s_1、s_2 的疾病，就是「$d \Rightarrow s_1$ 與 s_2」。醫師藉由經驗得知這項事實，所以當他看見患者有 s_1 與 s_2 的症狀時，就馬上判斷「哈哈～這就是 d！」但是後來才知道，原來那是擁有許多與 d 類似症狀，但卻更加嚴重的 D。

　　實際上，若「D $\Rightarrow s_1$ 與 s_2 與 s_3」，也許忽略了 s_3 就會成為致命的因素。這時醫師很坦白的表示，因為症狀與疾病的對應關係相當複雜，而開發電腦診斷系統並不是那麼容易。外行人也應該閱讀醫學書，並做好心理準備，這一點很重要。但是，自行進行自我診斷是非常危險的。

　　最後，介紹兩個使用對偶的證明。

問題 1

$x+y\neq10\Rightarrow x\neq3$ 或 $y\neq7$

【證明】

「$x+y\neq10$」的否定是「$x+y=10$」

「$x=3$ 或 $y\neq7$」的否定是

「$x=3$ 且 $y=7$」

因此，原來命題的對偶為

$x=3$ 且 $y=7\Rightarrow x+y=10$

很顯然的，此式為真，故原來的命題成立（為真）。

（證明結束）

問題 2

m^2 為無理數 $\Rightarrow m$ 為無理數

【證明】

這個命題的對偶為

m 不是無理數（是有理數）$\Rightarrow m^2$ 不是無理數（是有理數）。

在此，$m=\dfrac{a}{b}$（a，b 為整數，$b\neq0$），則

$m^2=\dfrac{a^2}{b^2}$，很顯然的，m^2 為有理數。

對偶為真，故原來的命題為真。

以上兩個證明是使對偶成為容易證明的命題。

從「孟子」開始

「孟子」中有「無恆產必無恆心」（梁惠王上）這句話。是指一般人若沒有一定的生意或財產、收入（恆產），就不會有一定不變的道德心（恆心）持續下去。

這個命題（？）的對偶則為「有恆心必有恆產」，表示內心豐富、有道德心的人，一定能夠擁有一定的財產，得到安定的收入。

然而，在理論學中逆者未必為真，所以「有恆產必有恆心」這個主張未必會成立。

因此，孟子從這短短的一句話中教導我們，有些人雖然有財產，但卻缺乏道德心。相反的，只要能夠保持高潔豐富的心，則一定的生活資產必定追隨而來。

數學歸納法 — 無限的連鎖

人類是有限的存在，但是另一方面也思考非常大的數，或是像康托爾所說的，無限有無限的階層，也會盡情的想像宇宙的結構、宇宙的盡頭等。

而在數學方面，以有限的階層來掌握無限的連鎖的手法，就是「數學歸納法」。首先，先概略的說明一下。

假設 $P(n)$ 為包含自然數 n 在內的命題，例如「n^2+n+41 為質數」的內容（這個命題本身為偽。當 $n=40$ 時，$40^2+40+41=40(40+1)+41=41^2$，故 $P(40)$ 為偽）。

在此，為了使 $P(n)$ 對於有的自然數而言都是成立的，則只能用以下的 2 個步驟來證明。依序用自然數代入 $P(n)$ 的 n 中，則會出現 $P(1)$、$P(2)$、$P(3)$…等無數的命題，但是用 2 步驟即可證明這點，真是令人驚訝。

＜步驟Ⅰ＞證明 $P(1)$ 成立。
＜步驟Ⅱ＞若 $P(k)$ 成立，則證明 $P(k+1)$ 成立。

就只有這 2 項。在這 2 項中，請注意步驟Ⅱ，$P(k)$ 沒有證明的必要，注意假設成立進入議論這一點。以下說明為何這 2 個步驟能夠證明無限的連鎖。

首先，$P(1)$ 成立……①（從步驟Ⅰ）
$P(1)$ 成立$\Rightarrow P(2)$ 成立……②（從步驟Ⅱ）
從①和②由推論規則得知，
$P(2)$ 成立……③

其次，$P(2)$成立$\Rightarrow P(3)$成立……④（從步驟Ⅱ）

從③和④依推論規則得知，

$P(3)$成立……⑤

以下同理可證，可依序證明 $P(4)$、$P(5)$的命題。

這種想法就稱爲「骨排原理」。

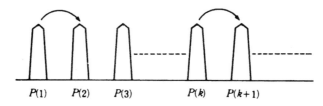

P(1)　　P(2)　　P(3)　　　　P(k)　　P(k+1)

請看上圖想像以上命題依序被證明的樣子。

那麼，這裡就請向問題挑戰。

問題 1

請利用數學歸納法證明以下的不等式（n 為 2 以上的自然數）。

$$\frac{1}{1^2}+\frac{1}{2^2}+\frac{1}{3^2}+\cdots\cdots+\frac{1}{n^2}<2-\frac{1}{n}$$

【證明】

＜步驟Ⅰ＞

當 $n=2$ 時，

$\dfrac{1}{1^2}+\dfrac{1}{2^2}=\dfrac{5}{4}<\dfrac{3}{2}=2-\dfrac{1}{2}$ 成立。

＜步驟Ⅱ＞

設 $n=k$ 時成立，

$$\frac{1}{1^2}+\frac{1}{2^2}+\frac{1}{3^2}+\cdots\cdots+\frac{1}{k^2}<2-\frac{1}{k}\quad\cdots①$$

①的兩邊加上 $\frac{1}{(k+1)^2}$ ，則

$$\frac{1}{1^2}+\frac{1}{2^2}+\frac{1}{3^2}+\cdots\cdots+\frac{1}{k^2}+\frac{1}{(k+1)^2}<2-\frac{1}{k}+\frac{1}{(k+1)^2}\quad\cdots②$$

（假設②也因為①而成立）

在此，$(2-\frac{1}{k+1})-(2-\frac{1}{k}+\frac{1}{(k+1)^2})$

$$=\frac{1}{k}-\frac{1}{k+1}-\frac{1}{(k+1)^2}$$

$$=\frac{(k+1)^2-k(k+1)-k}{k(k+1)^2}$$

$$=\frac{1}{k(k+1)^2}>0\ (\because k>0,(k+1)^2>0)$$

因此，

$$2-\frac{1}{k+1}>2-\frac{1}{k}+\frac{1}{(k+1)^2}\quad\cdots③$$

由②和③得知

$$\frac{1}{1^2}+\frac{1}{2^2}+\cdots\cdots+\frac{1}{k^2}+\frac{1}{(k+1)^2}<2-\frac{1}{k+1}$$

由以上各式得知，若假設 $n=k$ 成立，則 $n=k+1$ 亦成立。

故由步驟 I 和步驟 II 得知，已知的不等式是 $n\geqq2$ 的一切自然數是成立的。

（證明結束）

數學歸納法也可以經由以下的步驟加以證明。

步驟 I

證明 $n=1$ 成立。

步驟 II

假設 $n \leq k$ 時成立，則證明 $n=k+1$ 時亦成立。

這種場合就如以下所說的，命題的成立會依序得到證明。

首先，$P(1)$ 成立…① （從步驟 I ）

$P(1)$ 成立 $\Rightarrow P(2)$ 成立…② （從步驟 II ）

由①和②得知，$P(2)$ 成立…③

其次，$\{P(1)$ 成立，$P(2)$ 成立 $\} \Rightarrow P(3)$ 成立…④ （從步驟 II ）

由①、③、④得知，$P(3)$ 成立……⑤

$\{P(1)$ 成立，$P(2)$ 成立，$P(3)$ 成立 $\} \Rightarrow P(4)$ 成立…⑥

由①、③、⑤與⑥仍然可依推理規則證明 $P(4)$ 成立。

以下亦同，命題的成立可依序得到證明。

這也是使用歸納法的一個問題。

問題 2

假設正整數 a，b 互質，則證明滿足 $ax+by=1$ 的整數 x、y 是存在的。

【證明】

假設 $a+b=n$ 適用於數學歸納法。

＜從步驟 I ＞

當 $n=2$ 時，$a=b=1$，則若 $x=1$，$y=0$ 時，滿足

$1 \cdot 1 + 1 \cdot 0 = 1$ 這個式子。

＜步驟Ⅱ＞

假設 $k \geqq 2$，$n \leqq k$ 的命題成立。

當 $n = k + 1$ 時，$a + b = k + 1$

因為 a，b 互質，故 $a \neq b$

在此，假設 $a > b$，則 $a - b = c > 0$

因為 c，b 互質

（∵若 $c = rc'$，$b = rb'$，$r > 1$，則 $a = b + c = r(c' + b')$，a 和 b 有共同的約數 r (>1)，則違反互質）

此時，$c + b < a + b = k + 1$

∴$c + b \leqq k$

從歸納法的假設得知，

滿足 $cx' + by' = 1$ 的整數 x'，y'是存在的。

∴$(a - b) x' + by' = 1$，亦即

  $ax' + b(y' - x') = 1$

設 $x = x'$，$y = y' - x'$，則

$ax + by = 1$，當 $n = k + 1$ 時，滿足已知算式的整數存在。

由步驟Ⅰ和步驟Ⅱ得知，命題一般都是成立的。

（證明結束）

最後，稍微接觸一下較奇妙的歸納法。

命題，請證明「所有的人都是禿頭」。

＜步驟Ⅰ＞

$n = 1$，即只有 1 根頭髮的人的確是禿頭。

＜步驟Ⅱ＞

$n=k$。假設有 k 根頭髮的人是禿頭。當此人增加一根頭髮時，這句話仍然不變，故 $n=k+1$ 時，也是禿頭。

由步驟 I 和步驟 II 可以導出結論，有任意根頭髮的人（所有人）是禿頭。

這個證明是哪裡出錯了呢？

在數學中，已經很明確確定真偽的文章或式子，就稱為命題。例如「$\sqrt{2}>1$」或「台北是台灣的首都」，這就是命題。這很明顯的可以看出前者為真，後者為偽。另一方面，像「0.01 為小的數字」及「在台中居住很容易」這種容易受個人的判斷與價值觀左右的文章，就無法一概而論為真或偽。在數學方面所要面對的就是命題，若是為真，就必須要加以證明，若是偽的，就必須要努力表現出反例。

我們再回到先前「禿頭的問題」，客觀判斷一個人是不是禿頭的基準是什麼？也許 B 認為 A 是禿頭，但 C 卻不這麼認為。此外，即使頭髮的根數一樣，但有些人的頭髮較細，有些人的頭髮較粗，當然看起來也就不一樣。因為其語言的定義有點模糊，因此，這種問題不能當做數學證明的對象。

頭髮數相同的人

剛剛是證明「所有的人都是禿頭」這種很奇妙的事，那麼，在這裡我們就想想「國人頭髮數相同的人有多少？」

首先，必須知道關於頭髮數的基本知識。一般人頭髮的標準數平均為 10 萬根，比標準少的約 8 萬根。而台灣人人口超過 2 千萬以上，比頭髮數還要多得多。

在此，從頭髮最少的（假設已經數過了）開始排，假設最初的 20 萬人（假設根數最多為 20 萬根）都不一樣，則第 200,001 名最後一定會與某人的頭髮數相同。

這種思考方法稱為「導論法」。但是現在這種解答並沒有明確的表示出誰和誰的頭髮數是一樣的，或是具體說出數頭髮的方法，只不過是「證明存在」而已。但是現代的數學好像經常聽到「只表示存在的證明」。

不斷地問為什麼

以往「何謂數學？」這個問題經常被提到。

「數學的本質就在於思考的自由性」，是集合論的創始者格奧爾克‧康托爾的話，受到極大的支持。

但是，數學在科學中佔有稍微異色的地位。在希臘時代，它被認為是哲學的一部分，比文藝復興時期之後的自然科學，具有更久遠的歷史。的確，數學並不像其他的科學一樣，總是把「實驗」擺在最前面（取而代之的是「練習」）。

此外，學校的教育也都是偏重於演繹（可能是因為上課的時間不夠……）。在數學方面也許更能讓人感受到從經驗可以得到某種定理這種歸納的側面。

因此，也許容易被誤解為很少給予「為什麼會變成這樣呢？」的思考機會，或是「這只不過是訓練如何解數學問題罷了」。

其中，也有人會認為「數學只要透過公式就可以解了」。

從已知的資料中如何下工夫、如何計算，都是數學技術的一面，但是思考「為什麼？」卻是數學更重要的一面。

在物理學方面，要解決「物與物之間為什麼會有引力呢」或是「為什麼電氣中的中性中子和正的質子會成為原子核而結合為一呢」，這些基本的問題是很困難的。

在此想要介紹 3 個類似的基本題材。

【例 1】

爲什麼 $(-1) \times (-1) = +1$ 呢？

【解說】

爲什麼負數乘負數會變成正數呢？這是在國中時學到的，但是卻是曾經令數學家困擾的問題之一。

例如，如右圖所示，爲一邊長(-1)m 的正方形，到底這樣的正方形存不存在呢？長爲負數本來就很令人難以想像，但是面積爲 $1m^2$ 確實是存在著的。

像這種夢幻式的存在也可以給予實際的數值而加以演算嗎？

的確，如下圖所示，也有持這種演算的自然界現象存在著。

$$f = \frac{q \times q'}{r^2}$$

f 是荷電粒子之間產生作用的庫侖力量，若在此式中再加入 $q，q'$ 這種電荷符號，就能夠表現力的性質。

同種符號電荷間的反

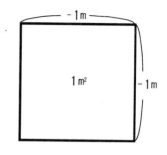

f是＋(反彈力)

f是＋(反彈力)

f是－(吸引力)

彈力，在異種符號電荷間就會變成吸引力。

　　那麼，想想〔例1〕的證明。

【證明1】

若$(-1)\times(-1)=-1$，

則請思考以下的式子。

$$\frac{(-1)\times(\cancel{-1})}{(\cancel{-1})}=\frac{(\cancel{-1})}{(\cancel{-1})}\qquad（約分）$$

$\therefore -1=1$，矛盾

因此，假設是錯誤的，$\therefore (-1)\times(-1)=1$

【證明2】從分配法則引導出來。

　　　$0\times(-1)=0$

　　$\therefore \{1+(-1)\}\times(-1)=0$

　　由分配法則得知

　　$1\times(-1)+(-1)\times(-1)=0$

　　$\therefore -1+(-1)\times(-1)=0$

　　因此，$(-1)\times(-1)=1$

【例2】證明三平方的定理。

　　$\triangle ABC$ 是直角三角形

　　　　　　　　$\Updownarrow$

　　$a^2+b^2=c^2\cdots\cdots(*)$

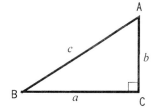

【解說】

這個定理是在國中時學到的，這是在說到愛因斯坦的特殊相對論時，會利用到的重要定理。實際上，愛因斯坦在 10 歲左右時，他叔叔就已經對他說過畢氏定理，經過長時間的苦心研究，終於靠自己的力量完成了證明。據說他也因爲這個定理而深感數學的偉大。

這個定理是主張直角三角形 3 邊的關係滿足 $a^2 + b^2 = c^2$。反之，他也表現出若要作個直角，則邊長一定要滿足(＊)。

也許這個定理是從古代巴比倫帝國的經驗中得知的。古代的木工在建築神殿時，爲了要作出直角，都會攜帶長 12 公分的繩子加以利用（12＝3＋4＋5）。

在國中時已經學過這個定理的證明，不過，相信許多高中生都已經忘了。

想想，這真是個不可思議的定理，a、b、c 並不一定要是自然數，只要是正的實數就可以成立，這真是令人非常驚訝的內容。而希臘的畢達格拉斯派也注意到，一邊長爲 1 的等腰直角三角形，其斜邊並不是有理數，但是，他們將這個事實隱瞞起來。

因爲他們只以自然數和比爲基本教義，甚至傳說洩漏這個事實的畢達格拉斯人（希帕索斯？），因爲觸怒了神明，所以在航海的途中遇到暴風溺死了。

因爲滿足這個定理的數有無限組，故無論如何舉例都無法證明。這裡就利用相似加以證明。

【證明】

$\triangle ABC \backsim \triangle CBH$

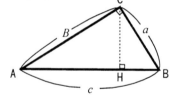

$$\therefore\ c:a=a:\text{BH}$$

$$\therefore \text{BH}=\frac{a^2}{c}\ \cdots\cdots ①$$

$$\triangle\text{ABC}\backsim\triangle\text{ACH}$$

$$c:b=b:\text{AH}$$

$$\therefore \text{AH}=\frac{b^2}{c}\ \cdots\cdots ②$$

由①和②得知，AB＝AH＋BH，所以

$$c=\frac{b^2}{c}+\frac{a^2}{c}=\frac{a^2+b^2}{c}\ ，\text{所以}\ a^2+b^2=c^2$$

（證明結束）

【例 3】證明 π 為無理數。

【解說】

大家都知道 π 為 3.1415926……的循環小數，但是，能夠真正的加以確定嗎？我本身是很想加以確定，但是許多人看教科書這麼寫也就相信了，不是嗎？雖然在解決問題時並沒有什麼困難之處，但是，從根本抱持「為什麼？」的懷疑態度，是很重要的。

以下就加以證明。這個證明稍微有點困難，故即使跳過也沒有關係。這也許會讓人感覺到要證明理所當然的事是「多麼地不容易啊」（以下採用反證法）。

【證明】

請思考以下的積分。

$$I_n = \int_{-1}^{+1} (1-x^2)^n \cos \alpha\, x\, dx \cdots\cdots(1)$$

部分積分，對於 $n \geqq 2$，

$$\alpha^2 I_n = 2_n(n-1)I_{n-1} - 4n(n-1)I_{n-2}$$

這個循環公式得到

$$\alpha^{2n+1} I_n = n!\,(P\sin\alpha + Q\cos\alpha)\cdots(*)$$

（使用數學歸納法證明）。此外，P 和 Q 是次數 $2n$ 以下的 α 多項式（係數為整數）。

在此，假設 π 為有理數，則 $\pi = \dfrac{a}{b}$（a，b 為自然數）。

從(*)假設 $\alpha = \dfrac{\pi}{2}$，則

$$J_n = \frac{a^{2n+1} I_n}{n!} \left(= (2b)^{2n+1} P\right) \cdots\cdots(2)$$

為整數。在此，將(1)代入(2)，則

$$J_n = \frac{a^{2n+1}}{n!} \int_{-1}^{+1} (1-x^2)^n \cos \frac{\pi}{2} x\ dx$$

積分區間為 $(-1, +1)$，所以 $(1-x^2)^n > 0$，$\cos \dfrac{\pi}{2} x > 0$

所以 $J_n > 0$，$\therefore$ 所有的 $nJ_n \neq 0 \cdots\cdots$(A)

然而，

$$J_n \leqq \frac{a^{2n+1}}{n!} \int_{-1}^{+1} \cos \frac{\pi}{2} x\ dx = \frac{4a^{2n+1}}{\pi n!}$$

（$\because -1 < x < 1$，所以 $(1-x^2)^n \leqq 1$）

當 $n \to \infty$ 時，$J_n \to 0$

因為 J_n 為整數，故

當 n 為某個值以上時，$J_n = 0 \cdots\cdots$(B)

因為(A)和(B)互相矛盾，故 π 為有理數的假設是錯誤的。 $\therefore \pi$ 為無理數。

與本書內容有關的重要事項與公式

1.指數律

(1) 單項式的乘法使用以下的指數律。

$$a^m \times a^n = a^{m+n} \text{，} (a^m)^n = a^{mn} \text{，} (ab)^n = a^n b^n$$

（m，n 為正整數）

(2) 單項式的除法使用以下的指數律。

$$a^m \div a^n = \begin{cases} a^{m-n} & (m > n \text{時}) \\ 1 & (m = n \text{時}) \\ \dfrac{1}{a^{n-m}} & (m < n \text{時}) \end{cases}$$

（m，n 為正整數，$a \neq 0$）

2.乘法公式

(1)　$m(a \pm b) = ma \pm mb$（複號同順）

(2)　$(a \pm b)^2 = a^2 \pm 2ab + b^2$（複號同順）

(3)　$(a + b)(a - b) = a^2 - b^2$（和、差的積）

(4)　$(x + a)(x + b) = x^2 + (a + b)x + ab$

(5)　$(ax + b)(cx + d) = acx^2 + (bc + ad)x + bd$

(6)　$(a \pm b)^3 = a^3 \pm 3a^2b + 3ab^2 \pm b^3$（複號同順）

(7)　$(a + b + c)^2 = a^2 + b^2 + c^2 + 2bc + 2ca + 2ab$

(8)　$(x + a)(x + b)(x + c)$
$= x^3 + (a + b + c)x^2 + (bc + ca + ab)x + abc$

(9) $(a \pm b)(a^2 \pm ab + b^2) = a^3 \pm b^3$ （複號同順）

(10) $(a + b + c)(a^2 + b^2 + c^2 - bc - ca - ab)$

$\quad = a^3 + b^3 + c^3 - 3abc$

3.除法原理

$A(x) \div B(x)$的商爲 $Q(x)$，餘 $R(x)$，

$A(x) = B(x)Q(x) + R(x)$

（$R(x)$的次數比 $B(x)$的次數低）

4.因數分解的公式

(1) $ma + mb - mc = m(a - b - c)$

　　（找出共通的因數）

(2) $a^2 \pm 2ab + b^2 = (a \pm b)^2$ （複號同順）

(3) $a^2 - b^2 = (a + b)(a - b)$

(4) $x^2 + (a + b)x + ab = (x + a)(x + b)$

(5) $acx^2 + (bc + ad)x + bd = (ax + b)(cx + d)$

(6) $a^3 \pm b^3 = (a \pm b)(a^2 \pm ab + b^2)$ （複號同順）

(7) $a^3 \pm 3a^2b + 3ab^2 \pm b^3 = (a \pm b)^3$ （複號同順）

(8) $a^3 + b^3 + c^3 - 3abc$

　　$= (a + b + c)(a^2 + b^2 + c^2 - bc - ca - ab)$

(9) $a^n - b^n$

　　$= (a - b)(a^{n-1} + a^{n-2}b + \cdots\cdots + ab^{n-2} + b^{n-1})$

5.對稱式

　　式中的 2 個文字交換還是相同的情形，就稱爲「這 2 個文字的對稱式」。針對式中任 2 個文字都是對稱式，

則單純的稱為對稱式。

(1) n 文字的對稱式是，只以 n 文字的基本對稱式表現。

　　　初等對稱式： 2 文字　$x+y$，xy

　　　　　　　　　　3 文字　$x+y+z$，$yz+zx+xy$，xyz

(2) 2 個對稱式的和、差、積、商也是對稱式。

(3) x，y，z 的對稱式，若 $x+y$ 為因數，則 $y+z$、$z+x$ 也是因數。

6.公約數、公倍數的定理

設 2 個整式 A, B 的最大公約數為 G，最小公倍數為 L。

(1) $A=A'G$，$B=B'G$（A'，B'互質）

(2) $L=A'B'G=A'B=AB'$，$LG=AB$

7.關於平方根、立方根的計算

(1) 平方根：設 $a>0$，$b>0$

$$\sqrt{a}\sqrt{b}=\sqrt{ab}，\frac{\sqrt{a}}{\sqrt{b}}=\sqrt{\frac{a}{b}}$$

(2) 立方根：$\sqrt[3]{a}\sqrt[3]{b}=\sqrt[3]{ab}，\frac{\sqrt[3]{a}}{\sqrt[3]{b}}=\sqrt[3]{\frac{a}{b}}$

8. 2 次方程式的解的公式

$ax^2+bx+c=0\ (a\neq0)$的解為 $x=\dfrac{-b\pm\sqrt{b^2-4ac}}{2a}$

當 $b = 2b'$ 時，$x = \dfrac{-b' \pm \sqrt{b'^2 - ac}}{a}$

9.恆等式的條件

(1) 係數比較法的原理

恆等式的等號特別以 $\equiv$ 表示，則

(ㄅ) x 的整式 $a_0 x^n + a_1 x^{n-1} + \cdots\cdots + a_{n-1} x + a_n \equiv 0$

$\Leftrightarrow a_0 = a_1 = \cdots\cdots = a_n = 0$

(ㄆ) x 的整式 $a_0 x^n + a_1 x^{n-1} + \cdots\cdots + a_n \equiv b_0 x^m + b_1 x^{m-1} + \cdots\cdots + b_m$

$\Leftrightarrow n = m$，同次項的係數相等。

(2) 數值代入法的原理

(ㄅ) x 的 n 次整式，$P(x)$ 對於 $(n+1)$ 個相異的數皆為 0 時，$P(x) \equiv 0$

(ㄆ) 2 個 x 的 n 次整式，$P(x)$，$Q(x)$ 對於 $(n+1)$ 個相異的 x 值為相等值時，$P(x) \equiv Q(x)$

10.各種不等式

(1) 算術平均與幾何平均（文字皆為正或 0）

(ㄅ) $\dfrac{a+b}{2} \geqq \sqrt{ab}$ （等號在 $a = b$ 時成立）

(ㄆ) $\dfrac{a+b+c}{3} \geqq \sqrt[3]{abc}$

（等號在 $a = b = c$ 時成立）

（ㄇ）$\dfrac{a_1+a_2+\cdots\cdots+a_n}{n} \geqq \sqrt[n]{a_1a_2,\cdots\cdots,a_n}$

（等號在 $a_1=a_2=\cdots\cdots=a_n$ 時成立）

(2) 柯西・許瓦爾茲不等式

（ㄅ）$(a^2+b^2)(x^2+y^2)\geqq(ax+by)^2$

（等號在 $\dfrac{x}{a}=\dfrac{y}{b}$ 時成立）

（ㄆ）$(a^2+b^2+c^2)(x^2+y^2+z^2)\geqq(ax+by+cz)^2$

（等號在 $\dfrac{x}{a}=\dfrac{y}{b}=\dfrac{z}{c}$ 時成立）

（ㄇ）$(a_1{}^2+a_2{}^2+\cdots\cdots+a_n{}^2)(x_1{}^2+x_2{}^2+\cdots\cdots+x_n{}^2)$
$\geqq(a_1x_1+a_2x_2+\cdots\cdots+a_nx_n)^2$

（等號在 $\dfrac{x_1}{a_1}=\dfrac{x_2}{a_2}=\cdots\cdots=\dfrac{x_n}{a_n}$ 時成立）

(3) 契比雪夫不等式

（ㄅ）當 $a_1\leqq a_2$，$b_1\leqq b_2$ 時

$(a_1+a_2)(b_1+b_2)\leqq2(a_1b_1+a_2b_2)$

(等號在 $a_1=a_2$ 或 $b_1=b_2$ 時成立)

（ㄆ）當 $a_1\leqq a_2\leqq\cdots\cdots\leqq a_n$，$b_1\leqq b_2\leqq\cdots\cdots\leqq b_n$ 時

$(a_1+a_2+\cdots\cdots+a_n)(b_1+b_2+\cdots\cdots+b_n)$
$\leqq n(a_1b_1+a_2b_2+\cdots\cdots+a_nb_n)$

（等號在 $a_1=a_2=\cdots\cdots=a_n$ 或 $b_1=b_2=\cdots\cdots$
$=b_n$ 時成立)

11.集合的計算法則

(1) 交換法則 $A\cup B=B\cup A$，$A\cap B=B\cap A$

(2) 結合法則　$(A \cup B) \cup C = A \cup (B \cup C)$，

　　　　　　$(A \cap B) \cap C = A \cap (B \cap C)$

(3) 分配法則　$A \cup (B \cap C) = (A \cup B) \cap (A \cup C)$，

　　　　　　$A \cap (B \cup C) = (A \cap B) \cup (A \cap C)$

(4) 吸收法則與其他

　(ㄅ)　$A \cup A = A$，$A \cap A = A$

　(ㄆ)　$(A \cup B) \supseteqq A$，$(A \cup B) \supseteqq B$；$(A \cap B) \subseteqq A$，

　　　$(A \cap B) \subseteqq B$

　(ㄇ)　$A \subset B \Rightarrow A \cup B = B$，$A \cap B = A$

　(ㄈ)　$A \cap (A \cup B) = A$，$A \cup (A \cap B) = A$（吸收法則）

(5) 摩根法則

$$\overline{A \cup B} = \overline{A} \cap \overline{B}，\quad \overline{A \cap B} = \overline{A} \cup \overline{B}$$

12. 2 次函數的最大、最小

　2 次函數 $y = ax^2 + bx + c$ $(a \neq 0)$，若 x 的定義域沒有限制，則

(1) 若 $a > 0$，當 $x = -\dfrac{b}{2a}$ 時，最小值為 $-\dfrac{b^2 - 4ac}{4a}$，

　　這個狀況沒有最大值。

(2) 若 $a < 0$，當 $x = -\dfrac{b}{2a}$ 時，最大值為 $-\dfrac{b^2 - 4ac}{4a}$，

　　這個狀況沒有最小值。

13. 直線方程式

　(1) 直線的一般式

不平行於 y 軸的直線：$y=mx+n$

（m 爲傾斜，n 爲 y 截矩）

直線與 x 軸的正向所形成的夾角爲 θ，

（ㄅ）　　則

$$m=\tan\theta \quad （\theta 爲方向角）$$

與 y 軸平行的直線：$x=c$（c 爲與 x 軸的交點）

（ㄆ）一般的直線＝$ax+by+c=0$

（a, b 不會同時爲 0）

(2) 滿足已知條件的直線方程式

（ㄅ）通過點 (x_1, y_1)，傾斜 m 的直線。

$$y-y_1=m(x-x_1)$$

（ㄆ）通過 2 點(x_1, y_1)、(x_2, y_2) 的直線：

$$y-y_1=\frac{y_2-y_1}{x_2-x_1}(x-x_1)\ (x_1\neq x_2)\ ；x=x_1$$

$$(x_1=x_2)$$

（ㄇ）x 的截矩爲 a，y 的截矩爲 b 的直線：

$$\frac{x}{a}+\frac{y}{b}=1\ (ab\neq 0)\quad （截矩公式）$$

14.圓方程式

(1) 中心 $(0, 0)$，半徑 r 的圓

$$x^2+y^2=r^2$$

(2) 中心 (a, b)，半徑 r 的圓

$$(x-a)^2+(y-b)^2=r^2$$

(3) 圓的一般式 $x^2+y^2+ax+by+c=0(a^2+b^2>4c)$

15.圓的切線方程式

(1) 關於圓周上的點 (x_1, y_1) 的切線方程式

   (ㄅ) $x^2 + y^2 = r^2 \longrightarrow x_1 x + y_1 y = r^2$

   (ㄆ) $(x-a)^2 + (y-b)^2 = r^2$

     $\longrightarrow (x_1-a)(x-a) + (y_1-b)(y-b) = r^2$

(2) 連接圓 $x^2 + y^2 = r^2$ 的傾斜 m 的切線方程式

   $y = mx \pm r\sqrt{m^2 + 1}$

16.不等式與領域

(1) $\begin{cases} y > f(x) \iff y = f(x) \text{的上方領域} \\ y < f(x) \iff y = f(x) \text{的下方領域} \end{cases}$

(2) $\begin{cases} x^2 + y^2 > r^2 \iff \text{圓 } x^2 + y^2 = r^2 \text{ 的外部} \\ x^2 + y^2 < r^2 \iff \text{圓 } x^2 + y^2 = r^2 \text{ 的內部} \end{cases}$

17.銳角的 3 角比

$\sin\theta = \dfrac{a}{c} = \dfrac{\text{對邊}}{\text{斜邊}}$

$\cos\theta = \dfrac{b}{c} = \dfrac{\text{底邊}}{\text{斜邊}}$

$\tan\theta = \dfrac{a}{b} = \dfrac{\text{對邊}}{\text{底邊}}$

18.正弦定理

$$\frac{a}{\sin A} = \frac{b}{\sin B} = \frac{c}{\sin C} = 2R$$

（ R 為 △ABC 外切圓的半徑 ）

$a : b : c = \sin A : \sin B : \sin C$

19.餘弦定理

$$\begin{cases} a^2 = b^2 + c^2 - 2bc\cos A \\ b^2 = c^2 + a^2 - 2ca\cos B \rightarrow \\ c^2 = a^2 + b^2 - 2ab\cos C \end{cases} \begin{cases} \cos A = \dfrac{b^2 + c^2 - a^2}{2bc} \\ \cos B = \dfrac{c^2 + a^2 - b^2}{2ca} \\ \cos C = \dfrac{a^2 + b^2 - c^2}{2ab} \end{cases}$$

20. 3 角形的面積

(1)已知 2 邊與夾角時,

$$S = \frac{1}{2}bc\sin A = \frac{1}{2}ca\sin B = \frac{1}{2}ab\sin C$$

(2)已知 3 邊時（海隆公式）

$$S = \sqrt{s(s-a)(s-b)(s-c)} \left(s = \frac{1}{2}(a+b+c) \right)$$

21.矩陣與矩陣的積

(1)只有在矩陣 A 的列數與矩陣 B 的行數一致時,積 AB 才被定義。如 $m \times n$ 矩陣與 $n \times l$ 矩陣的積為 $m \times l$ 矩陣。

$$<例> \begin{pmatrix} a_1 & a_2 \\ b_1 & b_2 \end{pmatrix} \begin{pmatrix} p_1 & q_1 \\ p_2 & q_2 \end{pmatrix} = \begin{pmatrix} a_1 p_1 + a_2 p_2 & a_1 q_1 + a_2 q_2 \\ b_1 p_1 + b_2 p_2 & b_1 q_1 + b_2 q_2 \end{pmatrix}$$

(2)關於乘法的法則

(ㄅ)　$A(B+C) = AB + AC, (A+B)C = AC + BC$

（分配法則）

(ㄆ)　$(AB)C = A(BC), (kA)B = k(AB) = A(kB)$

（結合法則）

22.哈密頓公式

設 $A = \begin{pmatrix} a & b \\ c & d \end{pmatrix}$, $E = \begin{pmatrix} 1 & 0 \\ 0 & 1 \end{pmatrix}$, $O = \begin{pmatrix} 0 & 0 \\ 0 & 0 \end{pmatrix}$, 則

$$A^2 - (a+d)A + (ad-bc)E = 0$$

23.指數的擴張

當 a 為實數，m, n 為正整數時，

(1) $a^0 = 1$, $a^{-n} = \dfrac{1}{a^n}$ （但 $a \neq 0$）

(2) $\sqrt[n]{a^m} = (\sqrt[n]{a})^m = a^{\frac{m}{n}}$ $\left(\begin{array}{l}\text{當} n : \text{偶數，} m : \\ \text{奇數時，} a > 0\end{array}\right)$

24.對數的基本性質

設 $a > 0$，$a \neq 1$；$M > 0$，$N > 0$，則

(1) $\log_a a = 1$, $\log_a 1 = 0$

(2) $\log_a MN = \log_a M + \log_a N$

(3) $\log_a \dfrac{M}{N} = \log_a M - \log_a N$

(4) $\log_a M^p = p \log_a M$, $\log_a \sqrt[n]{M^m} = \dfrac{m}{n} \log_a M$

(5) $\log_a M = \dfrac{\log_b M}{\log_a a}$, $\log_b a = \dfrac{1}{\log_a b}$ $(b > 0$，$b \neq 1)$

（底的變換公式）

25.基本的不定積分

(1) $\displaystyle\int x^n dx = \frac{x^{n+1}}{n+1} + C$

(2) $\displaystyle\int (ax+b)^n dx = \frac{1}{a} \cdot \frac{(ax+b)^{n+1}}{n+1} + C$

(n 為 0 以上的整數)

26.定積分的基本公式

(1) $\displaystyle\int_a^a f(x)\,dx = 0,\ \int_b^a f(x)\,dx = -\int_a^b f(x)\,dx$

(2) $\displaystyle\int_b^a kf(x)\,dx = k\int_a^b f(x)\,dx$ (k 為定數)

$\displaystyle\int_a^b \{f(x) \pm g(x)\}dx = \int_a^b f(x)\,dx \pm \int_a^b g(x)\,dx$

（複號同順）

(3) $\displaystyle\int_a^b \{f(x)\,dx = \int_a^c f(x)\,dx + \int_c^b f(x)\,dx$

27.不等式的證明（應用微分法）

(1) $f(x)$為 $x > a$，在單調遞增中，設 $f(a) \geqq 0$，則

    $x > a$，$f(x) > 0$

    $f(x)$為 $x < a$，在單調遞減中，設 $f(a) \geqq 0$，則

    $x < a$，$f(x) > 0$

(2) 在某區間中，$f(x)$的最小值為 m（最大值為 M），

    若 $m > 0$（$M < 0$），則其區間為

    $f(x) > 0\ (f(x) < 0)$

(3) 要表示 $f(x) > g(x)$，設 $F(x) = f(x) - g(x)$，則關

於 $F(x)$ 使用 (1) 或 (2)。

28.旋轉體的體積

$$V=\pi\int_a^b\{f(x)\}^2\,dx\,(a<b)$$

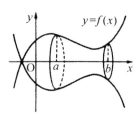

29.　3角函數的不定積分

(1) $\displaystyle\int\sin x\,dx=-\cos x+C,\quad\int\cos x\,dx=\sin x+C$

(2) $\displaystyle\int\sin(ax+b)\,dx=-\frac{1}{a}\cos(ax+b)+C$

$\displaystyle\int\cos(ax+b)\,dx=\frac{1}{a}\sin(ax+b)+C$

(3) $\displaystyle\int\sec^2 x\,dx=\tan x+C,\quad\int\mathrm{cosec}^2 x\,dx=-\cot x+C$

(4) $\displaystyle\int\tan x\,dx=-\log|\cos x|+C,$

$\displaystyle\int\cot x\,dx=\log|\sin x|+C$

30.排列與組合

(1) 順列　從 n 個相異物到 r 個的排列數，以 $_nP_r$ 表示，則

（ㄅ）　$_nP_r=\underbrace{n(n-1)(n-2)\cdot\cdots\cdot(n-r+1)}$

（ r 個 ）

$$=\frac{n!}{(n-r)!}\,(r\leqq n)$$

當 $r=n$ 時

$$_nP_n=n(n-1)(n-2)\cdot\cdots\cdot2\cdot1=n!$$

（註）$n!$ 爲 n 階，$0!=1$

（ㄆ）$\quad _nP_r=n\cdot {}_{n-1}P_{r-1}$，$_nP_r={}_{n-1}P_r+r\cdot {}_{n-1}P_{r-1}$

(2) 組合　從 n 個相異物到 r 個的組合數，以 $_nC_r$ 表示，則

（ㄅ）$\quad _nC_r=\dfrac{_np_r}{r!}=\dfrac{n!}{r!(n-r)!}$

$$=\dfrac{n(n-1)(n-2)\cdot\cdots\cdots\cdot(n-r+1)}{1\cdot2\cdot3\cdots\cdots\cdot r}\,(r\leqq n)$$

（ㄆ）$\quad _nC_r={}_nC_{n-r}$，$_nC_r={}_{n-1}C_r+{}_{n-1}C_{r-1}$

但是 $_nC_n={}_nC_0=1$（因爲 $0!=1$）

生活廣場系列

品冠文化出版社　　郵政劃撥帳號：
19346241

●主婦の友社授權中文全球版

女醫師系列

①子宮內膜症
國府田清子／著　　定價 200 元

②子宮肌瘤
黑島淳子／著　　定價 200 元

③上班女性的壓力症候群
池下育子／著　　定價 200 元

④漏尿、尿失禁
中田真木／著　　定價 200 元

⑤高齡生產
大鷹美子／著　　定價 200 元

⑥子宮癌
上坊敏子／著　　定價 200 元

⑦避孕
早乙女智子／著　　定價 200 元

⑧不孕症
中村はるね／著　　定價 200 元

⑨生理痛與生理不順
堀口雅子／著　　定價 200 元

⑩更年期
野末悅子／著　　定價 200 元

品冠文化出版社　　郵政劃撥帳號：
19346241

大展出版社有限公司
品冠文化出版社

圖書目錄

地址：台北市北投區(石牌)　　電話：(02)28236031
　　　致遠一路二段 12 巷 1 號　　　　　28236033
郵撥：0166955～1　　　　　　傳真：(02)28272069

・法律專欄連載・ 電腦編號 58

・武 術 特 輯・ 電腦編號 10

26. 華佗五禽劍	劉時榮著	180 元
27. 太極拳基礎講座:基本功與簡化 24 式	李德印著	250 元
28. 武式太極拳精華	薛乃印著	200 元
29. 陳式太極拳拳理闡微	馬 虹著	350 元
30. 陳式太極拳體用全書	馬 虹著	400 元
31. 張三豐太極拳	陳占奎著	200 元
32. 中國太極推手	張 山主編	300 元
33. 48 式太極拳入門	門惠豐編著	220 元

·原地太極拳系列· 電腦編號 11

1. 原地綜合太極拳 24 式	胡啓賢創編	220 元
2. 原地活步太極拳 42 式	胡啓賢創編	200 元
3. 原地簡化太極拳 24 式	胡啓賢創編	200 元
4. 原地太極拳 12 式	胡啓賢創編	200 元

·道 學 文 化· 電腦編號 12

1. 道在養生:道教長壽術	郝 勤等著	250 元
2. 龍虎丹道:道教內丹術	郝 勤著	300 元
3. 天上人間:道教神仙譜系	黃德海著	250 元
4. 步罡踏斗:道教祭禮儀典	張澤洪著	250 元
5. 道醫窺秘:道教醫學康復術	王慶餘等著	250 元
6. 勸善成仙:道教生命倫理	李 剛著	250 元
7. 洞天福地:道教宮觀勝境	沙銘壽著	250 元
8. 青詞碧簫:道教文學藝術	楊光文等著	250 元
9. 沈博絕麗:道教格言精粹	朱耕發等著	250 元

·秘傳占卜系列· 電腦編號 14

1. 手相術	淺野八郎著	180 元
2. 人相術	淺野八郎著	180 元
3. 西洋占星術	淺野八郎著	180 元
4. 中國神奇占卜	淺野八郎著	150 元
5. 夢判斷	淺野八郎著	150 元
6. 前世、來世占卜	淺野八郎著	150 元
7. 法國式血型學	淺野八郎著	150 元
8. 靈感、符咒學	淺野八郎著	150 元
9. 紙牌占卜學	淺野八郎著	150 元
10. ESP 超能力占卜	淺野八郎著	150 元
11. 猶太數的秘術	淺野八郎著	150 元
12. 新心理測驗	淺野八郎著	160 元
13. 塔羅牌預言秘法	淺野八郎著	200 元

·趣味心理講座· 電腦編號 15

1.	性格測驗	探索男與女	淺野八郎著	140 元
2.	性格測驗	透視人心奧秘	淺野八郎著	140 元
3.	性格測驗	發現陌生的自己	淺野八郎著	140 元
4.	性格測驗	發現你的真面目	淺野八郎著	140 元
5.	性格測驗	讓你們吃驚	淺野八郎著	140 元
6.	性格測驗	洞穿心理盲點	淺野八郎著	140 元
7.	性格測驗	探索對方心理	淺野八郎著	140 元
8.	性格測驗	由吃認識自己	淺野八郎著	160 元
9.	性格測驗	戀愛知多少	淺野八郎著	160 元
10.	性格測驗	由裝扮瞭解人心	淺野八郎著	160 元
11.	性格測驗	敲開內心玄機	淺野八郎著	140 元
12.	性格測驗	透視你的未來	淺野八郎著	160 元
13.	血型與你的一生		淺野八郎著	160 元
14.	趣味推理遊戲		淺野八郎著	160 元
15.	行爲語言解析		淺野八郎著	160 元

·婦 幼 天 地· 電腦編號 16

1.	八萬人減肥成果	黃靜香譯	180 元
2.	三分鐘減肥體操	楊鴻儒譯	150 元
3.	窈窕淑女美髮秘訣	柯素娥譯	130 元
4.	使妳更迷人	成 玉譯	130 元
5.	女性的更年期	官舒妍編譯	160 元
6.	胎內育兒法	李玉瓊編譯	150 元
7.	早產兒袋鼠式護理	唐岱蘭譯	200 元
8.	初次懷孕與生產	婦幼天地編譯組	180 元
9.	初次育兒 12 個月	婦幼天地編譯組	180 元
10.	斷乳食與幼兒食	婦幼天地編譯組	180 元
11.	培養幼兒能力與性向	婦幼天地編譯組	180 元
12.	培養幼兒創造力的玩具與遊戲	婦幼天地編譯組	180 元
13.	幼兒的症狀與疾病	婦幼天地編譯組	180 元
14.	腿部苗條健美法	婦幼天地編譯組	180 元
15.	女性腰痛別忽視	婦幼天地編譯組	150 元
16.	舒展身心體操術	李玉瓊編譯	130 元
17.	三分鐘臉部體操	趙薇妮著	160 元
18.	生動的笑容表情術	趙薇妮著	160 元
19.	心曠神怡減肥法	川津祐介著	130 元
20.	內衣使妳更美麗	陳玄茹譯	130 元
21.	瑜伽美姿美容	黃靜香編著	180 元
22.	高雅女性裝扮學	陳珮玲譯	180 元
23.	蠶糞肌膚美顏法	梨秀子著	160 元

・青春天地・電腦編號17

4

5.	女性婚前必修	小野十傳著	200 元
6.	徹底瞭解女人	田口二州著	180 元
7.	拆穿女性謊言 88 招	島田一男著	200 元
8.	解讀女人心	島田一男著	200 元
9.	俘獲女性絕招	志賀貢著	200 元
10.	愛情的壓力解套	中村理英子著	200 元
11.	妳是人見人愛的女孩	廖松濤編著	200 元

・校園系列・ 電腦編號 20

1.	讀書集中術	多湖輝著	180 元
2.	應考的訣竅	多湖輝著	150 元
3.	輕鬆讀書贏得聯考	多湖輝著	150 元
4.	讀書記憶秘訣	多湖輝著	180 元
5.	視力恢復！超速讀術	江錦雲譯	180 元
6.	讀書 36 計	黃柏松編著	180 元
7.	驚人的速讀術	鐘文訓編著	170 元
8.	學生課業輔導良方	多湖輝著	180 元
9.	超速讀超記憶法	廖松濤編著	180 元
10.	速算解題技巧	宋釗宜編著	200 元
11.	看圖學英文	陳炳崑編著	200 元
12.	讓孩子最喜歡數學	沈永嘉譯	180 元
13.	催眠記憶術	林碧清譯	180 元
14.	催眠速讀術	林碧清譯	180 元
15.	數學式思考學習法	劉淑錦譯	200 元
16.	考試憑要領	劉孝暉著	180 元
17.	事半功倍讀書法	王毅希著	200 元
18.	超金榜題名術	陳蒼杰譯	200 元
19.	靈活記憶術	林耀慶編著	180 元

・實用心理學講座・ 電腦編號 21

1.	拆穿欺騙伎倆	多湖輝著	140 元
2.	創造好構想	多湖輝著	140 元
3.	面對面心理術	多湖輝著	160 元
4.	偽裝心理術	多湖輝著	140 元
5.	透視人性弱點	多湖輝著	140 元
6.	自我表現術	多湖輝著	180 元
7.	不可思議的人性心理	多湖輝著	180 元
8.	催眠術入門	多湖輝著	150 元
9.	責罵部屬的藝術	多湖輝著	150 元
10.	精神力	多湖輝著	150 元
11.	厚黑說服術	多湖輝著	150 元

12.	集中力	多湖輝著	150元
13.	構想力	多湖輝著	150元
14.	深層心理術	多湖輝著	160元
15.	深層語言術	多湖輝著	160元
16.	深層說服術	多湖輝著	180元
17.	掌握潛在心理	多湖輝著	160元
18.	洞悉心理陷阱	多湖輝著	180元
19.	解讀金錢心理	多湖輝著	180元
20.	拆穿語言圈套	多湖輝著	180元
21.	語言的內心玄機	多湖輝著	180元
22.	積極力	多湖輝著	180元

·超現實心理講座· 電腦編號 22

1.	超意識覺醒法	詹蔚芬編譯	130元
2.	護摩秘法與人生	劉名揚編譯	130元
3.	秘法！超級仙術入門	陸明譯	150元
4.	給地球人的訊息	柯素娥編著	150元
5.	密教的神通力	劉名揚編著	130元
6.	神秘奇妙的世界	平川陽一著	200元
7.	地球文明的超革命	吳秋嬌譯	200元
8.	力量石的秘密	吳秋嬌譯	180元
9.	超能力的靈異世界	馬小莉譯	200元
10.	逃離地球毀滅的命運	吳秋嬌譯	200元
11.	宇宙與地球終結之謎	南山宏著	200元
12.	驚世奇功揭秘	傅起鳳著	200元
13.	啓發身心潛力心象訓練法	栗田昌裕著	180元
14.	仙道術遁甲法	高藤聰一郎著	220元
15.	神通力的秘密	中岡俊哉著	180元
16.	仙人成仙術	高藤聰一郎著	200元
17.	仙道符咒氣功法	高藤聰一郎著	220元
18.	仙道風水術尋龍法	高藤聰一郎著	200元
19.	仙道奇蹟超幻像	高藤聰一郎著	200元
20.	仙道鍊金術房中法	高藤聰一郎著	200元
21.	奇蹟超醫療治癒難病	深野一幸著	220元
22.	揭開月球的神秘力量	超科學研究會	180元
23.	西藏密教奧義	高藤聰一郎著	250元
24.	改變你的夢術入門	高藤聰一郎著	250元
25.	21世紀拯救地球超技術	深野一幸著	250元

·養 生 保 健· 電腦編號 23

1.	醫療養生氣功	黃孝寬著	250元

2.	中國氣功圖譜	余功保著	250 元
3.	少林醫療氣功精粹	井玉蘭著	250 元
4.	龍形實用氣功	吳大才等著	220 元
5.	魚戲增視強身氣功	宮嬰著	220 元
6.	嚴新氣功	前新培金著	250 元
7.	道家玄牝氣功	張章著	200 元
8.	仙家秘傳祛病功	李遠國著	160 元
9.	少林十大健身功	秦慶豐著	180 元
10.	中國自控氣功	張明武著	250 元
11.	醫療防癌氣功	黃孝寬著	250 元
12.	醫療強身氣功	黃孝寬著	250 元
13.	醫療點穴氣功	黃孝寬著	250 元
14.	中國八卦如意功	趙維漢著	180 元
15.	正宗馬禮堂養氣功	馬禮堂著	420 元
16.	秘傳道家筋經內丹功	王慶餘著	280 元
17.	三元開慧功	辛桂林著	250 元
18.	防癌治癌新氣功	郭林著	180 元
19.	禪定與佛家氣功修煉	劉天君著	200 元
20.	顛倒之術	梅自強著	360 元
21.	簡明氣功辭典	吳家駿編	360 元
22.	八卦三合功	張全亮著	230 元
23.	朱砂掌健身養生功	楊永著	250 元
24.	抗老功	陳九鶴著	230 元
25.	意氣按穴排濁自療法	黃啓運編著	250 元
26.	陳式太極拳養生功	陳正雷著	200 元
27.	健身祛病小功法	王培生著	200 元
28.	張式太極混元功	張春銘著	250 元
29.	中國璇密功	羅琴編著	250 元
30.	中國少林禪密功	齊飛龍著	200 元
31.	郭林新氣功	郭林新氣功研究所	400 元

・社會人智囊・ 電腦編號 24

1.	糾紛談判術	清水增三著	160 元
2.	創造關鍵術	淺野八郎著	150 元
3.	觀人術	淺野八郎著	200 元
4.	應急詭辯術	廖英迪編著	160 元
5.	天才家學習術	木原武一著	160 元
6.	貓型狗式鑑人術	淺野八郎著	180 元
7.	逆轉運掌握術	淺野八郎著	180 元
8.	人際圓融術	澀谷昌三著	160 元
9.	解讀人心術	淺野八郎著	180 元
10.	與上司水乳交融術	秋元隆司著	180 元
11.	男女心態定律	小田晉著	180 元

國家圖書館出版品預行編目資料

數學增強要領／江修楨編著
－初版－臺北市，大展，民90
面；21 公分－（校園系列；20）
ISBN 957-468-064-9（平裝）
1. 數學　教學法 2. 中等教育　教學法

524. 32　　　　　　　　　　　　90001788

數學增強要領　　　ISBN 957-468-064-9

編　　著／江　修　楨
發 行 人／蔡　森　明
出 版 者／大展出版社有限公司
社　　址／台北市北投區（石牌）致遠一路 2 段 12 巷 1 號
電　　話／(02) 28236031 · 28236033 · 28233123
傳　　真／(02) 28272069
郵政劃撥／01669551
E-mail／dah-jaan@ms9. tisnet. net. tw
登 記 證／局版臺業字第 2171 號
承 印 者／國順圖書印刷公司
裝　　訂／嶸興裝訂有限公司
排 版 者／千兵企業有限公司
初版1刷／2001 年（民 90 年）　4　月

定　價／180 元

大展好書 ✖ 好書大展